Petra Stichert

Heldinnen der Bibel

Geschichten von damals für Mädchen von heute

disserta
Verlag

Petra Stichert: Heldinnen der Bibel, Geschichten von damals für Mädchen von heute, Hamburg, disserta Verlag, 2014

Buch-ISBN: 978-3-95425-838-3
PDF-eBook-ISBN: 9783954258390
Druck/Herstellung: disserta Verlag, Hamburg, 2014

Bibliografische Information der Deutschen Nationalbibliothek:
Die Deutsche Nationalbibliothek verzeichnet diese Publikation in der Deutschen Nationalbibliografie; detaillierte bibliografische Daten sind im Internet über http://dnb.d-nb.de abrufbar.

© disserta Verlag, Imprint der Diplomica Verlag GmbH
Hermannstal 119k, 22119 Hamburg
http://www.disserta-verlag.de, Hamburg 2014
Printed in Germany

INHALTSVERZEICHNIS

1. Vorwort

„Heldinnen der Bibel" – die Verknüpfung dieser beiden Begriffe mag zunächst irritieren. Zudem ist uns die weibliche Form – Held*innen* – wenig vertraut, da auch Frauen umgangssprachlich häufig als Held*en* bezeichnet werden.

Was also macht die Frauen und Männer der Bibel zu HeldInnen? Um diese Frage zu beantworten, ist es sinnvoll, zunächst den Begriff „HeldIn" näher zu erläutern. Das vorherrschende Gesellschaftsbild einer Heldin / eines Helden lässt an die Superstars der Medien denken. Die heutigen HeldInnen sind SportlerInnen und Models, MusikerInnen und Fernsehstars. Sie sind schöner, stärker und schneller als alle anderen, sie sind reich, erfolgreich und berühmt. Die Wertschätzung, die ihnen zuteilwird, beschränkt sich allerdings auf das Äußere. Eine solche Definition hat meiner Meinung nach wenig mit „wahrem" Held*Inn*entum[1] zu tun. Ich möchte ihr eine Interpretation gegenüberstellen, die sich auf innere Stärke und Schönheit bezieht, die das Heldentum des „normalen" Menschen beschreibt und in jedermanns Alltag anzutreffen ist. Ein solches „Alltags-Heldentum" definiert sich durch den Mut, sich selbst zu finden und zu sich stehen, den eigenen Weg zu suchen und zu gehen, auch wenn dies vielleicht auf Umwegen geschehen muss. In diesem Sinne kann jeder Mensch zum Helden / zur Heldin – oder im religiösen Kontext zum/r Heiligen – werden und sich so dem Sinn des Lebens annähern.

Es ist jedoch nicht einfach, der Übermacht der „Medien-HeldInnen" eine solche „HeldInnen-Definition" entgegenzusetzen. So wird es uns heutzutage nur allzu leicht gemacht, es sich „leicht zu machen". Es ist einfacher und bequemer, Ausflüchte zu finden, als Zivilcourage zu zeigen, Verantwortung für sich selbst zu übernehmen und bewusst den eigenen Weg zu gehen. Orientierungshilfe können hierbei Menschen sein, die diese Art des Heldentums für uns sichtbar gelebt haben. Martin Luther King, Mutter Theresa oder Mahatma Gandhi haben in diesem Sinne entscheidend auf die Lebens-

---

[1] Ich verwende hier den Begriff „Held*Inn*entum", um auf die auch hier verwendete, rein männliche Wortform hinzuweisen. Im Folgenden werde ich jedoch aus Gründen der sprachlichen Klarheit die ursprüngliche Form verwenden.

situation zahlreicher Menschen eingewirkt und diese positiv verändert. Verglichen hiermit mag uns ein „Alltags-Heldentum" bedeutungslos erscheinen. Dennoch zeichnen sich auch die oben genannten HeldInnen eben dadurch aus, dass sie mutig und konsequent *ihren Weg gegangen* sind. Ihr Tun mag bekannter und folgenreicher sein als das der „Alltags-HeldInnen", „heldenhafter" wird es jedoch dadurch nicht.

Die Bibel ist reich an Geschichten über solche „Alltags-HeldInnen", die ihren Weg gehen. Das Tröstliche an diesen Geschichten ist die Tatsache, dass alle Menschen darin Fehler machen, Umwege brauchen und letztendlich doch – mit Gottes Hilfe – ihren persönlichen Weg finden und gehen. In diesem Sinne wird die Lebensrelevanz der Bibel für die heutige Zeit deutlich, kann die „*Frohe* Botschaft" erfahrbar werden. So verstanden, werden die biblischen Frauen und Männer zu HeldInnen, die auch uns als Vorbild und Identifikationsfigur dienen können.

Wo finden sich aber die Held**innen** der Bibel? Held**en** sind uns hier wesentlich geläufiger. Gefragt nach Frauengestalten der Bibel[2] fällt vielen zunächst Maria, die Mutter Jesu ein. Wer sich besser auskennt, kann sich auch noch an Maria aus Magdala erinnern. Mehr erinnerungswürdige biblische Frauengestalten gibt es in dem Bewusstsein vieler Menschen nicht. Ein Grund hierfür ist sicherlich darin zu suchen, dass die Hauptpersonen vieler biblischer Geschichten männlich sind. Dies wiederum lässt sich auf die patriarchal geprägte Geschichte der Bibelentstehung und -auslegung zurückführen. Vielen Frauen wird es somit erschwert, ihre eigene Wertigkeit in den biblischen Geschichten zu entdecken und Identifikationsfiguren für sich zu finden. Selbst die beiden allgemein bekannten Frauengestalten des Neuen Testaments - Maria, die Mutter Jesu und Maria aus Magdala – scheinen sich nur schlecht als Vorbilder zu eignen. Maria aus Magdala gilt aufgrund zahlreicher ebenso phantasievoller wie falscher Interpretationen als Sünderin, derer sich Jesus gnädig erbarmt. Konträr hierzu steht die Vorstellung der „anderen" Maria, die so gut ist, dass sie geradezu über-

---

[2] Ich habe diesbezüglich eine private und nicht repräsentative Umfrage durchgeführt, die ich jedoch für exemplarisch halte.

menschlich wirkt und nahezu göttliche Züge trägt. Die eine scheint zu schlecht, die andere zu gut zu sein, um heutigen Frauen eine Identifikationsmöglichkeit zu geben. Das Marienbild hat sich über die Jahrhunderte hinweg so ent-menschlicht und „verkitscht", dass es viele Frauen sogar abschreckt. Dennoch lässt die aus heutiger Sicht für viele übertrieben wirkende Marienverehrung auch die menschliche Sehnsucht nach der weiblichen Seite Gottes erahnen.[3]

Mir selbst eröffnete sich erste ein Zugang zu Maria, nachdem ich mit einem anderen Marienbild konfrontiert wurde, wie es beispielsweise das Musical „Ave Eva" von Peter Janssens[4] vermittelt. Nach diesem „neuen" Marienbild präsentierte sich mir Maria als ein junges Mädchen, dass unverheiratet schwanger wird und sich den damit verbundenen Schwierigkeiten im damaligen Israel stellen muss - als ein ganz „normaler"Mensch also, der mit (zunächst) ganz normalen Alltagsschwierigkeiten zu kämpfen hat. Hierdurch wurde ihr Schicksal für mich menschlich und nachvollziehbar. So bot sich mir die Identifikationsmöglichkeit, die ich vorher vermisst hatte. Wichtig ist für mich hierbei nicht der genaue historische Lebenslauf Mariens, sondern die Annäherung an eine Frau, die mit existentiellen Problemen konfrontiert wird und sich diesen - im Vertrauen auf Gott – mutig stellt. Maria ist ihren Weg gegangen und hat das ihr Mögliche getan. Das macht sie zur Heldin – zur „Alltags-Heldin". Für mich ist diese „neue" Maria zur Schlüsselfigur geworden, die mich immer wieder dazu ermutigt, meinen Weg zu gehen. Es wäre schön, wenn auf diese Weise auch andere Frauen der Bibel neu als „Heldinnen" entdeckt und verstanden werden könnten, um so heutigen Frauen zu helfen, ihr Held*innen*tum wahrzunehmen.

Die androzentrische Prägung des Christentums und vor allem der katholischen (Amts-)Kirche hat den Frauen – und ebenso den Männern – sehr viel vorenthalten von dem, was Jesus uns eigentlich ermöglicht hat. Immer

---

[3] vgl. *Christa Mulack*, Maria. Die geheime Göttin im Christentum, Zürich 1985, dt. Rechte bei Kreuz Verlag, Stuttgart 1991[4].

[4] vgl. auch: *kontakte*, Freispruch für Eva, LP, Zu beziehen bei: kontakte Musik Verlag, Ute Horn, Holtackerweg 26, 4780 Lippstadt.

wieder wurde die Bibel bewusst oder unbewusst, gezielt oder aber in bester Absicht missbraucht, um Frauen systematisch klein zu halten. Über Generationen hinweg wurde (und wird) Frauen damit Leid zugemutet, welches Wut erzeugt und nur schwer auszugleichen ist. Ein guter Anfang wäre es, ein Umdenken zuzulassen und zunehmend die „andere" Seite der Kirche zu bestärken, in der immer noch etwas von dem Feuer der Urgemeinden brennt, wenn auch auf Sparflamme. Die Vergangenheit lässt sich nicht ändern, wohl aber die Zukunft. Es gilt, die Kraft, die aus der Wut entsteht, dafür einzusetzen, das Feuer wieder zu entfachen und neue Wege zu gehen, die Frauen mitgehen können.

Wer Held*innen* in der Bibel sucht, der muss sehr genau hinsehen und viel Zeit und Geduld mitbringen. Wer diese Mühe jedoch nicht scheut, wer bereit ist, sich die Frauen der Bibel ohne androzentrische Brille anzuschauen, der kann Heldinnen entdecken, die das verkehrte Frauenbild zurechtrücken und uns Frauen heute zum Vorbild – auch in Bezug auf Emanzipation – werden können. Im Religionsunterricht können diese Heldinnen auch den Schülerinnen Identifikationsmöglichkeiten schaffen, die diese selbst zu „Heldinnen" werden lässt, zu Frauen, die mutig und selbstbewusst ihren Weg gehen, nicht trotz, sondern aufgrund ihres Christseins.

2. Einleitung

Eines der größten gesellschaftlichen Probleme unserer (und vergangener) Zeit ist ein falsch verstandenes Frauen- und Männerbild, welches den Menschen auf die gesellschaftliche Interpretation nur-männlicher bzw. nur-weiblicher Eigenschaften und Lebensentwürfe reduziert und festlegt. Solche eingefahrenen Rolleninterpretationen zu hinterfragen und zu überwinden ist ein langwieriger und komplexer Prozess, der viel Mut und Ausdauer erfordert.

Das **Christentum** könnte hierbei eine Vorreiterrolle übernehmen, insofern es – wie alle Religionen – Einfluss auf die gesamte Gesellschaft ausübt. Als Vermittler zwischen Gott und Mensch könnte es so eine neue und ganz andere, gesellschaftlich losgelöste Lebensinterpretation ermöglichen, die eine freie Rollenfindung zuließe. In Praxis erweist sich dies jedoch als problematisch, da jede Religion auch in die Vorstellungen der Gesellschaft eingebunden ist, innerhalb der sie sich begründet und entwickelt hat. Diese bestehenden Rollen- und Lebensinterpretationen sind in der wechselseitigen Beeinflussung von Christentum und Gesellschaft entstanden und bis heute weiterentwickelt worden. Somit gelten in der Praxis für das Christentum ähnliche rollenspezifische Probleme wie für die Gesellschaft im Allgemeinen. Diese äußern sich in einer patriarchalen Prägung der Gesellschafts- und Religionsstrukturen, die Frauen benachteiligen, aber auch Männer negativ beschränken. Hierbei ist es nahezu unmöglich, im ganzheitlichen Sinne[5] ein Selbstbild zu entwickeln, das die Persönlichkeit umfassend berücksichtigt und den eigenen Möglichkeiten keine Grenzen setzt. Eine solche Befreiung von (negativen) gesellschaftlichen Zwängen zugunsten einer ganzheitlichen Selbstwerdung ist jedoch die Zielsetzung des christlichen Menschenbildes. So bleibt für das Christentum – mehr noch als für die Gesellschaft – der Auftrag und die besondere Chance bestehen, alte Strukturen neu aufzubrechen und Rollen- und Lebensentwürfe zu entwickeln, die den Menschen ihr Menschsein vollständig ermöglichen.

---

[5]Ganzheitlichkeit meint ein Menschenbild, das alle Facetten einer Persönlichkeit berücksichtigt. In der Schulpädagogik bezeichnet es eine Unterrichtsform, die alle Sinne anspricht

„Es geht" – wie Helen Schüngel-Straumann sagt – *„darum, wie eine lange verkehrte Interpretation verarbeitet, richtiggestellt und in ihren Auswirkungen unschädlich gemacht werden kann, und zwar nicht nur für Frauen, sondern auch für Männer."*[6]

Zur Veränderung aufgerufen sind hier vor allem die christlichen **Kirchen**, durch die sich Christentum in erster Linie definiert. Besonders der katholischen Kirche fällt es hier jedoch schwer, sich von ihren jahrhundertealten patriarchalen Strukturen zu lösen. Dort, wo Kirche zu komplex, zu institutionalisiert und schwerfällig geworden ist, um kraftvoll eine so grundlegende Veränderung zu realisieren, müssen ihre Mitglieder aus der Anonymität und Passivität der Masse heraustreten und selbstverantwortlich aktiv werden. Das geschieht durch Frauen wie Helen Schüngel-Straumann oder Christa Muhlack, die ihre diesbezüglichen Gedanken und Untersuchungen durch zahlreiche Vorträge und Arbeiten öffentlich und somit hörbar machen.

Eine andere große Chance zur Veränderung bietet der **Religionsunterricht**, zumal die geschilderte Problematik hier doppelte Relevanz erhält: Zum einen sollte sich Religionsunterricht um Gerechtigkeit und Ganzheitlichkeit bemühen. Dies ergibt sich aus dem Selbstverständnis und dem Menschenbild des christlichen Glaubens. Zum andern kann das oft problematische Frauenbild der katholischen Kirche im Religionsunterricht noch zu einer Verstärkung der negativen Rollenklischees führen. Erschwerend ist in diesem Zusammenhang das oftmals fehlende Angebot an weiblichen Identifikationsmöglichkeiten in den religionsdidaktischen Themenbereichen. Mädchen können dies unbewusst als Benachteiligung oder Ausgrenzung empfinden, die ihnen die christliche Religion entfremdet. Die Tragweite solcher Unterrichtselemente ist nicht zu unterschätzen.

Der Religionsunterricht vermittelt Werte, die für die SchülerInnen lebensbestimmend sein können, insbesondere dann, wenn er die einzige Begegnung

---

und so die ganze Person einbezieht. Vgl. *Klaus Schilling*, Wege ganzheitlicher Bibelarbeit. Glauben erfahren mit Hand, Kopf und Herz, Stuttgart 1992, S. 7, 14-21.

[6] *Helen Schüngel-Straumann*, Die Frau am Anfang. Eva und die Folgen, Freiburg im Breisgau 1989, S. 89.

der SchülerInnen mit dem Christentum (und hierdurch möglicherweise auch mit Gott) darstellt. Hierin liegt die große Verantwortung und die große Chance des Religionsunterrichts.

In diesem Sinne werden im Folgenden Möglichkeiten aufgezeigt, die Geschlechterrollen aus dem christlichen Verständnis heraus neu zu definieren und für den Religionsunterricht in der Grundschule anwendbar zu machen. Im Mittelpunkt der hier folgenden Überlegungen steht das christliche Frauenbild und dessen Bedeutung für Mädchen/Frauen. Von einer offeneren Geschlechterrolleninterpretation profitieren jedoch ebenso Jungen/Männer. An Untersuchungen zur Problematik einengender Rollenzuweisungen für diese fehlt es zurzeit leider noch mehr als an den mädchenbezogenen. Eine Auseinandersetzung mit den Geschlechterrollen betrifft jedoch immer beide Geschlechter.

Eine Zielsetzung im oben beschriebenen Sinne erfordert eine kritische Reflexion der Lehrkraft über christliche und eigene geschlechtsspezifische Rolleninterpretationen. Ebenso ist es erforderlich, sich die Abläufe religiöser und geschlechtsspezifischer Sozialisation vor Augen zu führen, um bewusst auf eine Neudefinition eingefahrener Rolleninterpretationen hinzuwirken. Daher wird im Folgenden zunächst ein Überblick über den Zusammenhang **geschlechtsspezifischer** und **religiöser Sozialisation** in Familie und Schule gegeben. Hierbei soll untersucht werden, inwieweit in der Schule und insbesondere im Religionsunterricht welche geschlechtsspezifischen Rollendefinitionen vermittelt werden. Anhand dieser Überlegungen sollen dann mögliche Konsequenzen aufgezeigt werden.

Eine dieser möglichen Konsequenzen ist die vermehrte Thematisierung „heldenhafter" christlicher und biblischer Frauen, sowie das Erkennen weiblicher Gottesvorstellungen in der Bibel. Gottes- und Frauenbild beeinflussen einander. An einem rein männlich gedachten Gott haben Frauen keinen Anteil. Ein Gottesbild hingegen, welches männliche und weibliche Elemente in sich vereint, kann tatsächlich einen Gott beschreiben, der *Mann und Frau nach seinem Abbild schuf* (vgl. Gen 1,27). Die christliche Interpretation von Gottes- und Frauenbild gründet sich auf die Bibel, deren Entstehungs- und (bisherige) Auslegungsgeschichte jedoch androzentrisch geprägt und entfremdet ist. Die Suche nach einem authentischen christlichen Frauenbild muss demnach mit der kritischen Hinterfragung bisheriger Bibelinterpretationen beginnen. Hierbei kann ein ganz neues, befreiendes **Frauenbild der Bibel** entdeckt werden. Es geht hierbei nicht um eine exegetische Beweisführung der Gleichwertigkeit der Frau – die sollte ohnehin außer Frage stehen –, sondern darum, durch ein neues Verständnis der biblischen Frauengestalten, sowie eines auch weiblichen Gottes, Bibel und Religion für Mädchen und Frauen wieder relevant zu machen.

Der Religionsunterricht darf sich aber nicht auf das Vorstellen frauen-freundlicher Gottes- und Frauenbilder beschränken, sondern muss darüber hinaus den SchülerInnen Hilfestellung bei der Suche nach einem eigenen Selbstbild geben. Grundlegend für jedes Selbstbild ist die Geschlechtszuge-hörigkeit, die besonders für Mädchen das vermittelte Frauenbild relevant macht. Entsprechendes gilt für das Männerbild, welches mit dem Frauenbild notwendig korrespondiert. Diesbezügliche Unterrichtsmodelle sollen im Kapitel: **Biblische Frauengestalten im Religionsunterricht** beispielhaft vorgestellt werden.

Das mangelhafte Angebot der an Mädchen orientierten Unterrichtsmateria-lien kann beispielsweise durch religiöse Kinderbücher ausgeglichen werden. Da diese jedoch ebenfalls erst kritisch zu untersuchen sind, soll das letzte Kapitel einen Überblick über derzeit erhältliche **religiöse Kinderbücher** unter Berücksichtigung feministisch-theologischer Aspekte geben.

3. Geschlechtsspezifische religiöse Sozialisation

Zahlreiche Untersuchungen beschäftigen sich mit geschlechtsspezifischer bzw. religiöser Sozialisation, nicht jedoch mit dem Zusammenhang beider Aspekte. Dieser Zusammenhang ist jedoch entscheidend für die Entwicklung eines authentischen christlichen Frauen- und Selbstbildes. Im Folgenden soll daher untersucht werden, inwieweit religiöse Sozialisation auf die geschlechtsspezifische Sozialisation einwirkt, sofern dies für den Religionsunterricht relevant ist. Die Lehrkraft sieht sich im Unterricht mit den Folgen **primärer geschlechtsspezifischer** und **religiöser Sozialisation** sowie **geschlechtsspezifischer Sozialisation in der Schule** konfrontiert, die sie hinsichtlich der gewünschten **geschlechtsspezifischen Sozialisation im Religionsunterricht** berücksichtigen muss. Aus diesen Überlegungen lassen sich schließlich **Konsequenzen für den Unterricht** ableiten.

3.1. Primäre geschlechtsspezifische religiöse Sozialisation

Bei einer religiös orientierten Erziehung beeinflussen sich religiöse und geschlechtsspezifische Sozialisation gegenseitig. Die geschlechtsspezifischen Rolleninterpretationen werden hierbei stark von den entsprechenden religiösen Vorstellungen geprägt. Diese wiederum wirken sich auf das Gottesbild aus. Erste Instanz sowohl religiöser als auch geschlechtsspezifischer Sozialisation ist die Familie, insbesondere die Eltern. Kleine Kinder sehen ihre Eltern als universale Größen an. Dementsprechend verallgemeinern sie ihre Wahrnehmung der Eltern und leiten daraus Stereotype ab. Die erste – und vermutlich tiefgreifendste – geschlechtsspezifische Rollendefinitionen entwickeln Kinder also aus ihrem Erleben der Eltern, deren Umgang miteinander und deren – möglicherweise unterschiedlichem – Verhalten gegenüber weiblichen bzw. männlichen Familienmitgliedern heraus. Die Erwartungshaltung der Eltern dem Kind gegenüber sowie eine geschlechtsspezifisch differenzierte Erziehung – beispielsweise durch unterschiedliche Kleidung, Spiele und Aufgaben – vertiefen diese Erfahrungen. Ihr erstes Gottesbild leiten Kinder ebenfalls aus der Wahrnehmung ihrer Eltern ab. Ein autoritär erlebter Vater prägt ein anderes Gottesbild als ein liebevoller. Dennoch lässt sich das Vaterbild nicht einfach auf das Gottesbild übertragen, da für dessen Entwicklung auch zahlreichen anderen Aspekten eine wichtige Rolle zukommt. So lassen sich selbst in einem männlich dominierten Gottesbild weibliche, mütterliche Elemente beobachten. So wenig gesicherte Daten über religiöse Sozialisation es besonders in der deutschsprachigen Literatur auch gibt, so lässt sich doch eindeutig beobachten, dass Eltern-, Menschen- und Gottesbild einander beeinflussen. Als gesichert ist darüber hinaus anzusehen, dass immer Aspekte **beider Elternteile** in das Gottesbild mit einfließen, ebenso Aspekte der **Elternideale**, die wiederum vom Erleben geschlechtsspezifischer Elemente innerhalb der **Familie** beeinflusst werden. Darüber hinaus spielen außerhalb der Familie erfahrene **religiöse Elemente** eine bedeutende Rolle.[7] Ein Wandel in der Geschlechterdefiniton und dem traditionellen Vater- bzw. Mutterbild, wie er zurzeit zu beobachten ist, führt somit auch zu einem Wandel des Gottesbildes. Festgehalten werden soll jedoch, dass das Gottesbild nicht statisch ist. Erfahrungen mit anderen Erwachsenen und der Kontakt mit Religion außerhalb der Familie können das kindliche Gottesbild vervollständigen oder verändern. Die äußeren Einflüsse gewinnen mit zunehmendem Alter an Bedeutung. Welche Elemente des vielschichtigen Angebots an Gottesbildern Kinder für sich übernehmen, hängt von zahlreichen Faktoren der jeweiligen Persönlichkeit sowie des entsprechenden Sozialisationsumfelds ab.

Untersucht man das Gottesbild von Jungen und Mädchen, lassen sich folgende Unterschiede beobachten. So interpretierte Heller in einer Studie von 1986 Kinderzeichnungen und Gespräche mit Kindern dahingehend, *„dass die Unterschiede in den Gottesbildern von Mädchen und Jungen den unterschiedlichen Geschlechtsrollen entsprechen, wie sie den Kindern in Familie und Gesellschaft begegnen.“*[8] Heller vermutet diesbezüglich, dass Jungen und Mädchen eine eher männliche Gottesvorstellung haben, die allerdings auch weibliche Aspekte enthält, wobei diese aber von Jungen und Mädchen ambivalent wahrgenommen und erlebt werden. Während Jungen eine weibliche Gottesvorstellung eher als angsteinflößend erleben, fürchten

---

[7] vgl. *Friedrich Schweitzer*, Elternbilder - Gottesbilder. Wandel der Elternrolle und die Entwicklung des Gottesbildes im Kindesalter, in: KatBl, 119. Jg. 1994, H. 2, S 93.

[8] *D. Heller*, The Children's God, Chicago/London 1986, nach: *F. Schweitzer*, a.a.O., S. 92.

sich Mädchen nach Hellers Untersuchungen vor allem davor, deren Existenz zuzugeben. Trotz einer überwiegend männlichen Gottesvorstellung erleben Mädchen demnach Gott als ihnen nahestehend, ästhetisch, künstlerisch orientiert und passiv, Jungen hingegen als ihnen eher fernstehend, wissenschaftlich orientiert, allwissend und handelnd.[9] Unterstützt werden Hellers Ergebnisse von einigen ähnlichen Untersuchungen, nach denen für Mädchen die Beziehung zu Gott und Jesus, für Jungen die Allmacht Gottes und die Lehrerfunktion Jesu im Mittelpunkt ihres Gottesbildes stehen.[10] Tamminen kommt zu entsprechenden Ergebnissen und belegt darüber hinaus das *„stärker ausgeprägte[n] religiöse[n] Interesse der Mädchen (bei im übrigen auch geringerer Tendenz zu Kritik an theologisch-kirchlichen Lehren)"* und das unterschiedliche Gebetsverständnis von Jungen und Mädchen, nach dem Jungen eher zu Bittgebeten, Mädchen hingegen eher zu kommunikativen Gebeten tendieren.[11] Eine Verabsolutierung dieser Ergebnisse ist jedoch nicht möglich. So konnten andere Untersuchungen keine geschlechtsspezifischen Unterschiede feststellen.[12] Wieder andere wiesen sogar darauf hin, dass Jungen und Männern weibliche Züge ihres Gottesbildes, Mädchen und Frauen hingegen eher männliche Züge betonen.[13] Allen Untersuchungen ist jedoch gemeinsam, dass die männlichen Züge kindlicher Gottesbilder in der Regel überwiegen.

Ein solches Gottesbild kann weder Gott, noch dem Menschen gerecht werden. Lena Kuhl betont diesbezüglich den Zusammenhang von Gottes- und Menschenbild, indem sie darauf hinweist, dass die *„eigentümliche*

---

[9] *D. Heller,* nach: *F. Schweitzer,* Religiöse Entwicklung und Sozialisation von Mädchen und Frauen, in: Der evangelische Erzieher, 45. Jg. 1993, H. 4, S. 415.

[10] vgl. *K. E. Hyde,* Religion in Childhood and Adolescence. A Comprehensive Review of the Research, Birmingham/USA 1990, nach: *F. Schweitzer,* a.a.O., S. 413.

[11] *K. Tamminen,* Religious Development in Childhood and Youth. An Empirical Study, Helsinki 1991, nach: *F. Schweitzer,* a.a.O., S. 414.

[12] *K. E. Hyde,* nach: *F. Schweitzer ebd.*

[13] vgl. *Godin/Hallez,* Parental Images and Divine Paternity, in: *A. Godin* (Hg.), From Religious Experience to a Religious Attitude, Chicago 1965, S. 65-96; *J. - P. Deconchy,* God and the Parental Images. The Masculine and the Feminine in Religious Free Associations, in: *A. Godin* (Hg.), From Cry to Word. Contributions towards a Psychology of Prayer, Brussels 1986, S. 85-94; *M. P. Strommen,* Research on Religious Development. A Comprehensive Handbook, New York 1971, zit. nach: *F. Schweitzer,* a.a.O., S. 413 - 414.

Verschränkung von Gottes- und Menschenbild im Zusammenhang mit einem weithin männlich geprägten Gottesbild nahezu von selbst zu einer Höherbewertung des Männlichen führt."[14] Martha Heizer kritisiert, dass ein *„einseitiges Gottesbild [...] ein einseitiges Menschenbild nach sich"* ziehe und verweist auf den von Mary Daly geprägten Satz *„Solange Gott männlich ist, ist das Männliche göttlich.*"[15] Verstärkt wird dieser Aspekt noch durch die gängige Frauen diskriminierende Ämterpraxis der katholischen Kirche.[16] Heizer weist diesbezüglich darauf hin, welche Auswirkungen es auf das weibliche Selbstbewusstsein hat, wenn Frauen durch Familie, Religion und Kirchenpraxis – gewollt oder ungewollt – von klein auf erfahren, dass sie weniger Anteil am Göttlichen haben als Männer und von ihnen die Übernahme der dienenden, passiv-gehorsamen Rolle, nicht aber Eigeninitiative und die Übernahme verantwortungsvoller Aufgaben erwartet wird. Frauen, die in der Regel die *„Trägerinnen der christlichen Erziehung sowohl im Elternhaus [...] als auch im Kindergarten und in der Grundschule"* sind, können den aus dem christlichen *„Schöpfungsverständnis gewonnenen Lebenszuspruch und -anspruch von Gleichwertigkeit und Gleichverantwortlichkeit von Mann und Frau [...] ihren Töchtern und Schülerinnen nur bedingt vorleben, da in ihrer eigenen Erziehung Eigenschaften wie Selbständigkeit, Durchsetzungsfähigkeit und Nonkonformismus weitgehend vernachlässigt wurden zugunsten von Anpassungsfähigkeit, Freundlichkeit, Rücksichtnahme und Bereitschaft zur Unterordnung".*[17]

Die geschlechtsspezifische Diskriminierung entsteht allerdings nicht alleine durch die Religion, sondern im Wechselspiel von Religion und Gesellschaft. *„Religiöse Sozialisation kann diese Unterschiede nicht*

---

[14] *Lena Kuhl*, Religionsunterricht für Mädchen, in: Grundschule, Nr. 2, 1995, S. 9.

[15] *Martha Heizer*, Fragen zu weiblicher religiöser Sozialisation, in: KatBl 113. Jg. 1988, S. 877.

[16] vgl. ebd. und *L. Kuhl*, S. 9.

[17] *L. Kuhl*, S. 8.

18

aufheben, aber sie kann sie verstärken oder im Interesse gerechten Zusammenlebens verringern."[18]

3.2. Geschlechtsspezifische Sozialisation in der Schule

Die Schule ist ein Spiegel der Gesellschaft. Sie soll die SchülerInnen auf die Gesellschaft vorbereiten und umgekehrt die (zukünftige) Gesellschaft durch die SchülerInnen prägen. Konkretisiert bedeutet dies, dass die Schule zum einen gehalten ist, gesellschaftliche und staatliche Werte einzuhalten und zu vermitteln, zum anderen aber von bestehenden gesellschaftlichen Wertvorstellungen beeinflusst wird, auch wenn diese nicht mit den Idealvorstellungen übereinstimmen.

Wie geht die Schule mit dieser Diskrepanz zwischen realen und idealen gesellschaftlichen Wertvorstellungen um? Die hier zur Diskussion stehende schulische Vermittlung geschlechtsspezifischer Rollenstereotype unterliegt dieser Problematik im besonderen Maße. Die grundgesetzlich verankerte Gleichberechtigung von Mann und Frau ist in der Realität noch nicht erreicht. Frauen werden nach wie vor sowohl im öffentlichen als auch im privaten Bereich benachteiligt. Grundlage hierfür ist in erster Linie ein verkehrtes Frauen- bzw. Männerbild. Eine Aufgabe der Schule ist es nun, die Gleichberechtigung innerhalb ihres Einflussbereiches zu realisieren und so langfristig auch eine Veränderung der Gesellschaft zu erreichen.

Ein Schritt in diese Richtung war die Einführung der Koedukation. Statistiken über Schulabschlüsse zeigen, dass Mädchen hier mittlerweile tatsächlich gleichberechtigt sind.[19] Beobachtet man die einzelnen Schullaufbahnen, so lässt sich sogar feststellen, dass Mädchen häufig früher höhere Klassenstufen erreichen als Jungen, bessere Noten erzielen und die Schule mit einer höheren Qualifikation beenden. Dennoch zeigt die weitere Entwicklung wieder eindeutige Benachteiligungstendenzen bezüglich der Mädchen und Frauen. Diese entscheiden sich wesentlich seltener für ein Hochschulstudi-

---

[18] *M. Heizer*, S. 882.

[19] *L. Kuhl*, S. 8.

um oder brechen dieses vorzeitig ab, streben weniger hochqualifizierte Abschlüsse an und erhalten weniger angesehene und schlechter bezahlte Arbeitsplätze.[20]

Wie ist dieser Widerspruch zu erklären? Ein Grund ist sicherlich die immer noch bestehende geschlechtsspezifische Erwartungshaltung der Gesellschaft, die SchulabgängerInnen in die entsprechenden Rollen drängt, wonach der Mann als zukünftiger Ernährer einer Familie beruflich erfolgreicher sein muss als die potentielle Mutter und Hausfrau. Eine weitere Ursache liegt in der Schule selbst begründet. Hier wird deutlich, dass die angestrebte Gleichberechtigung in der Schule noch nicht erreicht ist. Bereits in den 70er Jahren wies der Begriff des „heimlichen Lehrplans"[21] auf eine die Mädchen diskriminierende Unterrichtspraxis hin. Diese entspricht dem Eingebundensein der Schule – des Lehrpersonals wie der SchülerInnen – in die bestehenden gesellschaftlichen Strukturen, die Frauen immer noch benachteiligen und Frauen und Männer auf traditionelle Rollenvorstellungen festlegen.

Die geschlechtsspezifische Sozialisation ist eine der frühesten Basiserfahrungen und ist dementsprechend tief im menschlichen Bewusstsein verankert. Dies macht die Realisierung des Ideals der Gleichberechtigung der Geschlechter so schwierig. Selbst LehrerInnen, die sich die Gleichbehandlung von Mädchen und Jungen bewusst zum Ziel gesetzt haben, scheitern in der Praxis an ihren eigenen – oft unbewussten – gesellschaftskonformen Rollenvorstellungen. Hierdurch werden Jungen im Unterricht wesentlich mehr beachtet (positiv wie negativ) und gefördert als Mädchen. Sie dominieren daher zumeist den Unterricht, sei es durch unterrichtsbezogene

---

[20] vgl. *Gundel Schümer*, Geschlechterunterschiede im Schulerfolg. Auswertung statistischer Daten, in: Valten; Warm (Hg.): Frauen machen Schule. Arbeitskreis Grundschule e. V. Frankfurt a. M. 1985.

[21] Der von Ilse Brehmer geprägte Begriff meint das automatische „Mitlernen" von sozialen Wertvorstellungen und Verhaltensweisen im Unterricht. Die Wertvorstellungen von Lehrkraft und Unterrichtsmaterialien, die in der Regel denen der Gesellschaft entsprechen, werden so unbewusst vermittelt und indirekt zu Unterrichtsinhalten gemacht. Hierdurch erhalten sie eine Art Legitimation und somit größeren Einfluss auf die SchülerInnen. Im Falle einer Mädchen und Frauen benachteiligenden gesellschaftlichen Wertesetzung wird geschlechtsspezifische Diskriminierung durch den „heimlichen Lehrplan" legitimiert und vermittelt.

Beiträge oder durch den Versuch, auf sich aufmerksam zu machen, während sich die Mädchen eher zurückhaltend verhalten. Einige Versuche[22], in denen Lehrkräfte gezielt auf eine ausgeglichene Unterrichtsbeteiligung von Jungen und Mädchen trainiert wurden, führten zu einem alarmierenden Ergebnis: Der Unterricht wurde sowohl von den Jungen als auch von den Lehrkräften als Bevorzugung der Mädchen empfunden. Hieran zeigt sich, wie groß die Benachteiligung der Mädchen im Unterricht sein muss, wie subtil sie stattfindet und wie selbstverständlich sie von allen Beteiligten akzeptiert wird.

Die Koedukation, die ursprünglich als Schritt hin zur Gleichberechtigung gedacht war, erweist sich in der Praxis vermehrt als das genaue Gegenteil. Eine Ursache hierfür ist bereits in ihrer Geschichte zu suchen. Bei der Einführung der Koedukation wurden Mädchen in das bereits bestehende männlich orientierte Schul- und Lernsystem aufgenommen, ohne dass ihre speziellen Bedürfnisse ergründet oder gar berücksichtigt wurden. Aus der damaligen Zeit heraus ist dies zwar verständlich, nicht jedoch das konsequente Festhalten daran.

Inzwischen gibt es zahlreiche Theorien und Untersuchungen zu der Frage, ob Mädchen und Jungen tatsächlich anders (und anderes) lernen. Diese haben jedoch in der Vergangenheit vorwiegend zur Bestätigung der bestehenden Rollenklischees geführt. So gelten mathematisch-naturwissenschaftliche Fächer weiterhin als „Jungenfächer", sprachlich-musische Fächer hingegen als „Mädchenfächer". Diese Einteilung in „Jungen-" bzw. „Mädchenfächer" führt dazu, dass Mädchen und Jungen nach wie vor nicht „*von der ganzen Bandbreite des Fächerspektrums profitieren*"[23] können. Dementsprechend werden Mädchen und Jungen von Eltern und Schule gedrängt, besonders in „ihren" Fächern – und den damit verbundenen Eigenschaften wie Rationalität (bei den Jungen) bzw. Einfühlungsvermögen (bei den Mädchen) – gute

---

[22] *Marianne Horstkemper*, „Jungenfächer" und weibliche Sozialisation. Lernprozesse im koedukativen Unterricht, in: Die Deutsche Schule. Zeitschrift für Erziehungswissenschaft, Bildungspolitik und pädagogische Praxis, 1. Beiheft 1990. Zu diesem Thema siehe auch: *Monika Jakobs*, Feministische Theologie in der Grundschule, in: Grundschule, Nr. 2, 1995, S. 11.

[23] *L. Kuhl*, S. 8.

Leistungen zu erbringen. Besonders problematisch ist hier, dass die sogenannten „Jungenfächer" dann aber höher bewertet werden als die sprachlich-musischen.

Hinzu kommt, dass die Sprache der Schule ebenfalls eine „männliche" ist. Die häufig emotionale Ausdrucksweise von Mädchen/Frauen – zu der diese erst erzogen werden – wird also gegenüber der eher sachlich-rationalen der Jungen/Männer als minderwertig beurteilt. Mädchen, die versuchen, in diese „Männerwelt" einzudringen, werden allzu oft nicht nur entmutigt, sondern auch schnell als „unweiblich" abgestempelt. Diese Einschätzung bringt Mädchen spätestens in der Pubertät dazu, sich in „ihr" Gebiet zurückzuziehen.[24]

Der einseitigen rationalen Prägung der westlichen Gesellschaft entsprechend, wird von Mädchen somit weniger Intelligenz und schulische Qualifikation erwartet als von Jungen. Dies führt in der Schule zu einer mangelhaften Förderung der Mädchen und zu einem enormen Leistungsdruck auf die Jungen. Hier stellt sich erneut die Frage, warum Mädchen statistisch gesehen dennoch die besseren Noten und höheren Abschlussqualifikationen erzielen. Erstaunlicherweise lässt sich dies ebenfalls auf die unterschiedlichen Erwartungshaltungen zurückführen, dementsprechend sich die Mädchen als die „traditionell Braven" eher bemühen, den schulischen Anforderungen gerecht zu werden. Eine weitere Erklärung könnte darin liegen, dass es für Mädchen und Frauen *„schwieriger ist, eine Lehrstelle oder einen Arbeitsplatz zu finden als für die Jungen."*[25]

Weitere Rollenvorurteile, die zu einer unterschiedlichen Behandlung von Jungen und Mädchen in der Schule führen, beziehen sich auf deren voneinander abweichendes Sozialverhalten. Auffallendes negatives Verhalten im Unterricht wird Jungen eher verziehen als Mädchen. Es wird von Jungen sogar erwartet – sofern sie dabei gute schulische Leistungen erbringen. Von Mädchen werden in der Regel zwar weniger schulische Qualifikationen

---

[24] vgl. ebd. und *M. Horstkemper.*

[25] *G. Schümer,* a.a.O.

erwartet, dafür aber soziale „*Tugenden wie Fleiß, Höflichkeit, Ordnungslie-be und Gehorsam*". Jungen haben – vereinfacht ausgedrückt – „*fähig' und ,frech' zu sein, während man von Mädchen vor allem erwartet, sie mögen ,nett' sein.*".[26] Mädchen werden anders beurteilt als Jungen, weil von ihnen anderes erwartet wird.

Die unterschiedlichen Erwartungshaltungen führen auch zu unterschiedli-chen Verhaltensweisen. Mädchen zeigen sich häufig weniger selbstbewusst, halten sich besonders in intellektuellen Gesprächen mehr zurück und tragen so auch selbst dazu bei, dass sie weniger zur Kenntnis genommen werden.

Die klischeegerechten Verhaltensweisen von LehrerInnen und SchülerInnen werden durch die Unterrichtsmaterialien, insbesondere durch die Schulbü-cher noch verstärkt. Hier sind Mädchen und Frauen häufig unterrepräsen-tiert und in untergeordneten, unbedeutenden und klischeekonformen Rollen dargestellt. Es fehlt an „heldinnenhaften" Vorbildern und der befreienden Darstellung der Vielfalt weiblicher und männlicher Rolleninterpretationen.[27] Am 21.11.1986 konstatierte ein Beschluss der Kultusministerkonferenz bezüglich der Schulbücher, dass die „*Gleichberechtigung von Männern und Frauen nicht zureichend berücksichtigt*" und „*die Lebenswirklichkeit von Frauen in unserer Gesellschaft sowohl im Hinblick auf die Belastungen und Konflikte wie auch hinsichtlich ihrer Teilnahme am Berufsleben und am öffentlichen Leben*" unzureichend dargestellt sind.[28]

In Schulbüchern (und auch im direkten Sprachgebrauch) werden Mäd-chen/Frauen in der Regel unter die männliche Form subsumiert, über ihre Beziehung zu Männern definiert oder aber wird die männliche Grundform abgewandelt, was umgekehrt nicht der Fall ist (z. B. Hebamme - Geburts-

---

[26] vgl. *M. Horstkemper.*

[27] vgl. *M. Horstkemper* und Untersuchungen zu Religionsbüchern in Kapitel 3.3.

[28] nach: *Annabelle Pithan*, Mädchen und Frauen in Religionsbüchern, in: Grundschule, Nr. 2, 1995, S. 12.

helfer).[29] Mädchen erleben dies häufig als Hinweis darauf, dass sie weniger wichtig sind als Jungen.

Mädchen und Jungen erhalten im selben Erziehungsumfeld eine völlig unterschiedliche Erziehung und Sozialisation. Carol Gilligan beobachtet hier sogar eine differente Moralentwicklung. In einer Studie von 1984 zum moralischen Werturteil nach Kohlberg hat sie die „weibliche" Moral als eine *„Moral der Verantwortung und Bindung"*, die „männliche" als eine *„des Rechts und der Nichteinmischung"* bezeichnet.[30] Hier wird erneut deutlich, wie tiefgreifend die geschlechtsspezifischen Unterschiede sind.

Die dementsprechenden Verhaltensweisen von Jungen und Mädchen setzen sich auch außerhalb des Unterrichts fort. Mädchen fehlt es daher oft an Selbstvertrauen, wie es den Jungen an Empathievermögen fehlt (worunter wiederum besonders die Mädchen leiden). Beide Defizite betreffen in einem so großen Ausmaß die ganze Persönlichkeit (und letztlich auch die gesamte Gesellschaft), dass ihre Folgen sich auf alle Bereiche des Lebens auswirken und dort viel unnötiges Leid schaffen. Umso wichtiger ist ein bewusster Umgang mit diesem Thema im Unterricht.

3.3. Geschlechtsspezifische Sozialisation im Religionsunterricht

Was für die Schule im Allgemeinen gilt, gilt für den Religionsunterricht in doppelter Hinsicht. Der Religionsunterricht ist sowohl dem Staat als auch der Kirche verpflichtet. Bezüglich der Gleichberechtigung laufen hier staatlicher und kirchlicher Auftrag – trotz unterschiedlicher Begründung – parallel.

Als **Teil der Schule** muss sich der Religionsunterricht bemühen, dem gesetzlich festgelegten Anspruch auf Gleichberechtigung von Mann und

---

[29] vgl. *Hannerose Koch-Holzer*, Erfahrungssplitter, in: Grundschule, Nr. 2, 1995, S.16.

[30] *Astrid Kaiser*, Mädchen und Jungen in der Schule. Aktuelle Forschungsergebnisse zur Geschlechterdifferenz, in: KatBl, 119. Jg. 1994, H. 2, S. 86.

Frau gerecht zu werden, sieht sich hierbei aber mit den gleichen Problemen konfrontiert wie andere Unterrichtsfächer.

Als **Vermittler christlicher Werte** im Auftrag der Kirche muss er deren Ideal der *„Gleichwertigkeit und Gleichverantwortlichkeit"*[31] entsprechen. Die Bemühungen um vorurteilsfreie und gleichberechtigte Behandlung der SchülerInnen begründet sich aus der christlichen Perspektive gleich dreifach.

Zum einen ist es Aufgabe des Religionsunterrichts, *„die Schülerinnen und Schüler bei ihrer **Identitätsfindung** zu unterstützen und den Prozess der Suche nach dem eigenen Selbst im Hier und Jetzt und nach tragfähigen Lebensentwürfen für die Zukunft helfend zu begleiten".*[32] Die *„Suche nach dem eigenen Selbst"* schließt die geschlechtliche Rollenfindung als wichtiges Thema mit ein. Hierbei sollen Unterschiede nicht negiert oder gar nivelliert, sondern als gleichwertig wahrgenommen werden. Gleichwertigkeit darf hier nicht mit Gleichheit verwechselt werden! Ziel ist es *„im biblischen und christlichen Verständnis [...], den Weg zum ganzen, „heilen" Menschsein zu ebnen und der Gottesebenbildlichkeit zum Ausdruck zu verhelfen - in männlicher und weiblicher Gestalt".* Die *„Schülerinnen und Schüler (sollen) zu ganzheitlichen Menschen heranwachsen, die möglichst alle ihre Fähigkeiten entwickeln und nutzen."*[33]. Die derzeitige gesellschaftliche und schulische Praxis beschränkt Frauen/Mädchen und Männer/Jungen jedoch auf die den Rollenklischees entsprechenden Eigenschaften. Hierunter leiden nicht nur die Mädchen, sondern ebenso die Jungen, die gleichfalls gezwungen sind, lebenswichtige, ihnen entsprechende Eigenschaften zu ignorieren. Die Auseinandersetzung mit den bestehenden Rollenvorstellungen im Religionsunterricht ist also notwendige Voraussetzung für deren Überwindung und der damit verbundenen Identitätsfindung im Sinne eines freien und authentischen „Ichs".

---

[31] *L. Kuhl*, S. 8.

[32] Grundkonsens der Würzburger Synode, lt.: *Gabi Häußler*, Jetzt verstehe ich die Mädchen besser, in: KatBl, 119. Jg. 1994, S. 101; Hervorhebung von mir.

[33] ebd.

Dem Religionsunterricht kommt hier umso mehr eine besondere Aufgabe zu, als die **bisherige Kirchenpraxis** – ihren eigenen Ansprüchen (der Gerechtigkeit) zuwiderlaufend – die Verfestigung der Rollenklischees und damit die Benachteiligung der Frau sogar gefördert hat. Die Frau ist in der katholischen Amtskirche nicht vertreten. Ihr kommt in der Gemeindepraxis eine untergeordnete, dienende Rolle zu. Auch wird die *„Existenz von Mädchen und Frauen häufig negiert bzw. unter die männliche subsumiert, z.B. in der Sprache.“*[34] Ähnliches ist bezüglich der Frauen in Bibel und Kirchengeschichte zu sagen. Ihre Bedeutung und ihre Leistungen wurden/werden häufig geschmälert oder gerieten/geraten völlig in Vergessenheit. Die feministische Theologie beschäftigt sich seit einiger Zeit mit den Frauenfiguren der Bibel, die es neu zu entdecken gilt. Ihre Ansätze zeigen, dass die Abwertung und Benachteiligung der Frau nicht „gottgewollt" ist. Spuren weiblicher Gottesbilder, starker Frauen und „feministischen" Verhaltens Jesu sind in der Bibel – trotz aller patriarchalen Beeinflussung und Bearbeitung – nicht zu negieren. Ebenso sind Frauen aus der Christentums- und Kirchengeschichte nicht wegzudenken, wenn ihnen auch die Kirche bisher wenig Beachtung geschenkt hat. Auch hier hat die feministische Theologie viele Glaubens- und Lebenswege von Frauen neu entdeckt. *„Die Feministische Sicht erschöpft sich aber nicht im Blick auf Frauen. Vielmehr verändert sich jedes Thema durch diese Sicht, die Handlungsmöglichkeiten, symbolische Repräsentanz und Gefühle von Frauen mit einbezieht."*[35] In dem Maße, in dem die Kirche – die Amtskirche wie jeder einzelne – diese Sicht zulässt, kann Christentum für Frauen wieder lebbar, kann Kirche für Menschen wieder lebendig und relevant werden. Die Frohe Botschaft Jesu kann jedoch nur dann Wirklichkeit werden, wenn Frauen und Männer ihr Selbst nicht mehr zugunsten gesellschaftlicher und kirchlicher Rollenvorstellungen beschneiden müssen. In diesem Sinne kann feministische Theologie für Frauen und Männer befreiend wirken. Die Kirche als Träger der christlichen Botschaft sollte diesbezüglich Vorreiter, nicht Behinderung sein. Der Religionsunterricht ist hier wichtigster Ansatzpunkt.

---

[34] *G. Häußler*, 1994, S. 102.

[35] *M. Jakobs*, S. 10.

Er hat die Möglichkeit, Rollenbilder zu prägen – im positiven wie im negativen Sinne. Deutlich wird dies in den Forschungen zur Entwicklung der Moral[36] bzw. des Gottesbildes Häußler resümiert die diesbezüglichen Ergebnisse wie folgt: *„Religion prägt das Verständnis von ‚männlich' und ‚weiblich' mit, und umgekehrt zeigt sich Religion in weiblichen und männlichen Erscheinungsformen.*"[37]

Eine dritte Begründung für die Thematisierung der geschilderten Problematik im Religionsunterricht leitet sich aus dessen Auftrag ab, den SchülerInnen nicht nur christliche Werte zu vermitteln, sondern sie auch mit dem **christlichen Glauben** und der kirchlichen Praxis vertraut zu machen. Dies gilt besonders in einer Zeit zunehmender Säkularisierung, die die Religion immer mehr ins Abseits drängt und in der Kirchenaustritte rasant zunehmen. In vielen Schulen muss Religionsunterricht aus Mangel an SchülerInnen klassen- oder konfessionsübergreifend stattfinden. In den bestehenden Religionsklassen hat dann ein Großteil der SchülerInnen keine/kaum religiöse und/oder kirchliche Vorerfahrung. Für diese SchülerInnen ist das Erleben der christlichen Werte zunächst wichtiger und interessanter als die – leicht als bloßes Sachwissen missverstandene – Vermittlung biblischer Inhalte und die Konfrontation mit der – ihnen fremden – Kirche. Dennoch kommt diesen Aspekten gerade hier eine besondere Bedeutung zu. Das mangelnde Vorwissen der SchülerInnen bietet auch eine Chance, diese vorurteilsfrei an die positiven Elemente der katholischen Kirche heranzuführen. So kann ein Ausgleich zu den in den Medien vermittelten vorwiegend negativ besetzten Eindrücken geschaffen werden. Tatsächlich gibt es in der momentanen Kirchenpraxis zahlreiche Kritikpunkte. Eine einseitige Betrachtungsweise verhindert jedoch die Wahrnehmung der positiven Aspekte der Kirche, die zu einer befreienden Lebenshilfe werden könnten. Für Menschen, die negative Kirchenerfahrungen auf Gott übertragen, kann dics zu einem Verlust ihrer Beziehung zu Gott führen. Dort, wo der Religionsunterricht den einzigen Zugang zu christlichem Erleben darstellt – und

---

[36] nach Gilligan; s. *A. Kaiser*, S. 86.

[37] *G. Häußler*, 1994, S. 101.

vielleicht auch zu einer Begegnung mit Gott –, muss er sich der enormen Verantwortung bewusst sein.

Schließlich stellt sich die Frage, inwieweit christlicher Glaube trotz der für Mädchen/Frauen problematischen Kirchenrealität Hilfe zur Identitätsfindung und Lebensgestaltung von Mädchen (und Jungen) sein kann. Religionsunterricht in diesem Sinne, muss sich auf den ganzen Menschen einlassen, die Rollenthematik in den Unterricht einbeziehen, positive biblische und kirchliche Frauenbilder anbieten und so die „andere Seite" der Kirche sein. Diese „andere Seite" der Kirche sollte ihren eigenen Ansprüchen der Gerechtigkeit und Liebe entsprechen. Hierzu bedarf es der Auseinandersetzung mit dem biblischen und kirchlichen Frauen- und Gottesbild, mit kirchlicher Vergangenheit und gesellschaftlicher Praxis und mit der Frage nach der religiösen Sozialisation von Kindern und Jugendlichen. Zu beachten sind hierbei besonders die in Unterrichtsmaterialien unbewusst mit vermittelten geschlechtsspezifischen Werte. Diese finden sich vor allem in den Religionsbüchern. Wiederum trifft hier in besonderem Maße zu, was auch für die Schulbücher der übrigen Fächer gilt. Gemäß den Untersuchungen von Annabelle Pithan[38] gilt für Religionsbücher folgendes:

1) An der Herausgabe und Konzeption von Religionsbüchern sind Frauen in zunehmendem Maße, wenn auch immer noch deutlich weniger als Männer, beteiligt. Texte und Abbildungen von Frauen sind hingegen nach wie vor kaum vertreten.

2) Frauen und Mädchen sind quantitativ deutlich unterrepräsentiert. Mehrere Untersuchungen ergaben ein Zahlenverhältnis von etwa 71,5% männlichen zu 28,5% weiblichen Personen.[39] Ebenso sind Frauengestalten aus Bibel und Christentumsgeschichte kaum erwähnt. Oberle und Raske stellten 1990 bezüglich der weiblichen Heiligen sogar eine sinkende Anzahl an Benennungen fest.

---

[38] *Annabelle Pithan*, Religionsbücher geschlechtsspezifisch betrachtet. Ein Beitrag zur Religionsbuchforschung, in: Der evangelische Erzieher, 45. Jg. 1993, H. 4. Vgl. auch: *A. Pithan*, 1995; sowie: *M. Jakobs*, a.a.O.

3) Sprache und Kontext zeigen eine deutliche Tendenz zu traditionellen Rollenfestschreibungen auf. Frauen werden in erster Linie im helfenden und familiären Kontext gezeigt, sprachlich auf Rollenstereotype beschränkt und in – häufig untergeordneter – Abhängigkeit zu einem Mann oder aber gar nicht benannt.

4) Das Gottesbild weist fast ausschließlich männliche und keine weiblichen Züge auf.

Bedauerlich ist, dass trotz anderslautender Beschlüsse der Kultusministerien der meisten Länder sowie offizieller kirchlicher Erklärungen weder die katholische noch die evangelische Kirche die Frage nach der geschlechtsspezifischen Prägung in ihren Kriterienkatalog zur Genehmigung von Religionsbüchern aufgenommen hat![40]

Das Fehlen biblischer und kirchengeschichtlicher Frauen in den Unterrichtsmaterialien ist insofern besonders zu bemängeln, als diese für die geschlechtsspezifische Sozialisation eine so entscheidende Rolle spielen. In der Grundschule lernen Kinder vor allem anhand von – realen oder fiktiven – Vorbildern. „*Vorbilder/Modelle' haben die wichtige Aufgabe, Lebensmodelle vorzustellen, Wege aufzuzeigen, die so interessant und anziehend sind, dass sie für andere zu beispielhaften Wegen werden könn(t)en.*"[41] Helga Kohler-Spiegel kritisiert in diesem Zusammenhang, dass „*für Mädchen vielfältige, interessante, mutige, phantasievolle Identifikationsfiguren im Alltagsleben und im religiösen Bereich*" fehlen und führt aus, dass Kinder durch die selbstverständliche Identifikation mit der Hauptfigur einer Geschichte lernen, „*den Blickwinkel der Hauptfigur zu teilen,*" die „*eigenen Gefühle* (zu) *erleben*" und „*den eigenen Standpunkt* (zu) *verlassen*".[42] Daher

---

[39] Das Zahlenverhältnis ist laut *A. Pithan* der Untersuchung von Florian 1985/6 entnommen. Andere Untersuchungen ergaben nur unwesentliche Abweichungen.

[40] *A. Pithan*, 1993, S. 426.

[41] *Helga Kohler-Spiegel*, Wenn Jungen und Mädchen die Bibel lesen... , in: Grundschule, Nr. 2, 1995, S. 18, in Bezug auf: *Albert Biesinger*, Empirisch-ethische Grundzüge des Nachahmungslernens, in: *Günter Biemer und Albert Biesinger* (Hg.): Christ werden braucht Vorbilder, Mainz 1983, S. 53-66.

[42] *H. Kohler-Spiegel*, S. 17.

ist es notwendig, dass die Lehrkraft – als Vorbild der SchülerInnen – sich selbst mit der Problematik der geschlechtsspezifischen Sozialisation auseinandersetzt und die entsprechenden Werte verinnerlicht und vorlebt. Ebenso ist ein großes Angebot an unterschiedlichen weiblichen (und männlichen) Lebensentwürfen anhand von historischen, zeitgenössischen und fiktiven Frauengestalten erforderlich, um weitere nicht klischeekonforme Vorbilder anbieten zu können. Solange die Hauptfiguren fast ausschließlich männlich sind – und dies entspricht der Realität vieler Religionsbücher, biblischer Geschichten und religiöser Kinderbücher – bedeutet dies für Mädchen und Jungen ein einseitiges, an der männlichen Erfahrungswelt orientiertes Lernen. Mädchen entwickeln hierdurch zu viel, Jungen zu wenig Empathievermögen bezüglich der Lebenswirklichkeit des jeweils anderen Geschlechts. Mädchen wird damit die Möglichkeit genommen, *"sich mit Erfahrungen und Gefühlen von Frauen identifizieren zu können."*[43] Bei der Textauswahl muss daher berücksichtigt werden, wessen Sicht hier wiedergegeben wird, denn erst „*wenn es uns gelingt, bei Jungen und Mädchen in gleicher Weise Rollenflexibilität und Empathie zu fördern und ihre Freiheit des Mitfühlens für beide Geschlechter zu entwickeln, werden wir geschlechtsspezifische Fixierungen in der religiösen/biblischen Erziehung zu überwinden beginnen.*"[44]

3.4. Konsequenzen für den Unterricht

Aus den oben genannten Überlegungen ergeben sich folgende Konsequenzen für den Unterricht:

Aufgrund der meist unbewussten Benachteiligung der Mädchen im Unterricht ist es dringend notwendig, dass sich die Lehrkraft intensiv mit ihren **eigenen Rollenerwartungen** und ihrem geschlechterrollenbezogenen Verhalten im Unterricht auseinandersetzt. Sie sollte dabei bewusst darauf achten, die Mädchen ebenso zu beachten wie die Jungen und auf gleiches Verhalten auch in gleicher Weise zu reagieren (durch Lob oder Strafe).

---

[43] *H. Kohler*-Spiegel, S. 18.

Bewusste **Parteinahme** für die Mädchen führt hierbei häufig nicht etwa zur Benachteiligung der Jungen, sondern zu einem ausgeglichenen Verhältnis zwischen Mädchen und Jungen.

Häufiges Arbeiten in **geschlechtshomogenen Kleingruppen** schafft ein Klima, in dem Mädchen Selbstbewusstsein entwickeln und eine eigene Meinung finden können.

Eine große Rolle spielt auch die von der Lehrkraft gewählte **Sprache**. Diese sollte sich nicht auf die rational-wissenschaftliche („männliche") Ebene beschränken, sondern auch emotionale Momente zulassen. Ebenso sollte darauf geachtet werden, dass Mädchen in der grammatikalischen Form der Sprache reflektiert werden (z. B. Schüler und Schülerinnen).

Inhaltlich sollte die Rollenproblematik thematisiert und durch **Projekte und Übungen zur Rollendefinition** erarbeitet werden.

Auch sollte darauf geachtet werden, dass Mädchen in den **Unterrichtsthemen** in gleicher Weise vertreten sind wie die Jungen.

Die **Unterrichtsmaterialien** sollten ebenfalls auf ein zahlenmäßiges Gleichgewicht von weiblichen und männlichen Darstellungen hin untersucht werden. Auf Materialien, die klischeehafte Rollendefinitionen vermitteln, sollte möglichst verzichtet werden. Ist ein Verzicht nicht möglich, kann durch entsprechende Ergänzungen gegengesteuert werden.

Für den Religionsunterricht müsste sich eine solche Thematisierung zudem auf die gegenwärtige **Kirchenpraxis** beziehen, die Frauen oft ausschließt oder benachteiligt.

Für die Auswahl und Präsentation biblischer Texte gilt, dass vermehrt Geschichten mit **weiblichen Protagonisten** vorgestellt werden sollten. Ebenso können „männliche" Geschichten (z. B. der Exodus) auch aus **weiblicher Sicht** (z. B. Mirjam) erzählt werden, sofern dies der tatsächlichen Bedeutung der Frauenfigur gerecht wird. Luise Rinser praktiziert dies

---

[44] a.a.O., S. 19.

eindrucksvoll in ihrem Buch „Mirjam", in dem sie das Leben Jesu aus der Sicht der Maria Magdalena erzählt.[45]

Bezüglich der „weiblichen" Geschichten sollte darauf geachtet werden, die **Stärke der Frau** und ihre jeweilige **Individualität** herauszustellen (im Gegensatz zu der sonst üblichen Betonung der Schuld und Unterwürfigkeit der Frau). Ein anschauliches Beispiel hierfür ist die syrophönizische Frau, die Jesus nicht nur um die Heilung ihrer Tochter bittet, sondern durch ihre Stärke und Konsequenz auch ihm etwas gibt, nämlich die Erkenntnis, dass er nicht *nur zu den Schafen Israels gesandt* wurde (vgl. Mt 15,24).

In der Auseinandersetzung mit einem Gottesbild schließlich sollten die weiblichen Elemente Gottes – wie sie in der Bibel stehen, oder aber, wie die SchülerInnen sie ohnehin empfinden – beachtet und besonders betont werden.

---

[45] *Rinser, Luise*, Mirjam, Frankfurt/Main 1983.

4. Das Frauenbild der Bibel

Im Folgenden möchte ich mich mit dem Frauenbild der Bibel beschäftigen. Um diesem gerecht zu werden, ist eine Auseinandersetzung mit der **biblischen Traditionsgeschichte** erforderlich. Ebenso ist es notwendig, das Gottesbild der Bibel zu berücksichtigen, da dieses mit dem Frauenbild korrespondiert. An einem ausschließlich männlich gedachten Gott haben Frauen keinen Anteil. Die verbreitete Vorstellung eines Gott-Vaters lässt Frauen fragen, inwieweit die göttliche Verheißung auch sie betrifft. Im Kapitel **Weibliches Gottesbild** sollen daher insbesondere solche biblische Textstellen vorgestellt werden, die die weiblichen Anteile Gottes betonen.

Im Anschluss daran möchte ich das **Frauenbild im Alten** bzw. **Neuen Testament** untersuchen und selbstbewusste und starke Frauengestalten der Bibel vorstellen, die eindrucksvoll verdeutlichen, dass Frauen gleichberechtigt Anteil am göttlichen Heilsplan haben.

4.1. Biblische Traditionsgeschichte

Die Bezeichnung der Bibel als „Wort Gottes" hat im Laufe der Kirchengeschichte zu folgenschweren Missverständnissen geführt. Wird die Bibel wörtlich genommen, kann sie uns schwerlich Antworten geben, da sich nahezu jedes beliebige Argument bestätigen und ebenso widerlegen ließe. Im Umgang mit biblischen Texten besteht die Notwendigkeit, sie aus ihrer Zeit heraus zu verstehen. Wer „Wort Gottes" so versteht, dass hier Gott den Autoren (und Redaktoren) der Bibel – früheren Vorstellungen entsprechend – „in die Hand" diktiert hat, dem bleibt aufgrund der dann auftretenden Widersprüche nur die Möglichkeit, diese mit dem Verweis auf das eigene Unverständnis zu ignorieren oder aber ihre Gültigkeit in Frage zu stellen. „Wort Gottes" bedeutet, dass hier Menschen versuchen, ihre Erfahrungen mit Gott in Worte zu fassen und sie so allen Menschen zugänglich zu machen. Dies geschieht jedoch immer aus der Subjektivität des Autors/der Autorin (falls es biblische Autor*innen* gab) heraus, die die Beschränktheit des eigenen Gottesverständnisses, die Problematik, transzendente Erfahrungen zu verbalisieren und den Einfluss der jeweiligen Zeit und Gesellschaft einschließt. *„Die Bibel ist kein Werkzeug zur Durchführung menschlicher*

Pläne. Weder löst sie Probleme, noch gibt sie Rezepte. Sie eröffnet nur Wege, weist auf Ursachen hin, zündet Lichter an."[46] Auf das biblische Frauenbild bezogen ist mit Elisabeth Schüssler Fiorenza zu sagen: „*Unterdrückende patriarchale Texte und sexistische Traditionen können nicht die Autorität göttlicher Offenbarung beanspruchen.*"[47]

Die grundlegende Problematik im Umgang mit der Bibel ist die Tatsache, dass diese kein zusammenhängendes Werk ist, sondern viele einzelne Schriften beinhaltet. Kompliziert wird dieser Aspekt durch den langen **Entstehungszeitraum.** Einigen Schriften muss eine mehrere Generationen betreffende Geschichte mündlicher Überlieferung vorausgegangen sein. Selbst für die reine Niederschrift der biblischen Texte muss ein Zeitraum angenommen werden, der Jahrhunderte umfasst. Hieraus ergibt sich eine **Autoren- und Kulturenvielzahl,** der die einzelnen Schriften zuzuordnen sind und die bei der Textinterpretation berücksichtigt werden muss. Die Schriften der Bibel sind also in unterschiedlichen Zeiten, Gesellschaften und historischen Kontexten, an unterschiedlichen Orten und von vielen verschiedenen Menschen geschrieben worden.

Dementsprechend ist auch die **Sprache,** die der jeweilige Autor wählt, nicht einfach zu übersetzen, sondern aus ihrer Zeit heraus zu verstehen. So können Begriffe und Bildworte im Laufe der Zeit ihre Bedeutung erheblich ändern. Schon von daher ist es unmöglich, biblische Texte wörtlich zu nehmen. Ihre Wahrheit und Gültigkeit bis heute beruhen auf der realen Gotteserfahrung, die ihnen zugrunde liegt. Es handelt sich um eine Botschaft, die erst entschlüsselt werden muss.

Die **zeitliche und kulturelle Zuordnung** der Schriften ist also ein entscheidender Schlüssel zum Verstehen der Bibel. Diese ist jedoch häufig nicht eindeutig zu klären. So erzählen einige Texte von Geschehnissen, die zum Zeitpunkt der Niederschrift bereits weit zurückliegen. Besonders für viele

---

[46] *Carlos Mesters,* zit. nach: *Renate Jost,* Freundin in der Fremde. Rut und Noomi, Stuttgart 1992, S. 76.

[47] *Elisabeth Schüssler Fiorenza,* Brot statt Steine. Die Herausforderung einer feministischen Interpretation der Bibel, Fribourg 1988, S. 53, zit. nach: *H. Schüngel-Straumann,* 1989, S. 151.

alttestamentliche Texte ist dies zutreffend, aber auch für die Evangelien, die das Leben Jesu erzählen, jedoch erst Jahrzehnte nach dessen Tod aufgeschrieben wurden. Hier zeigt sich erneut, dass die Bibel nicht wörtlich genommen werden darf, da bereits die **zeitliche Differenz zwischen Geschehen und Niederschrift** zu Abweichungen von den tatsächlichen Ereignissen führen muss. Deutlich wird dies im synoptischen Vergleich. Dieser lässt darauf schließen, dass der ältere Markus-Text sowie eine weitere gemeinsame Quelle (die Logienquelle Q) Grundlage für einen Großteil des Matthäus- und Lukasevangeliums sind. Trotz dieser Übereinstimmungen treten signifikante Sinnverschiebungen und sachliche Unterschiede in den synoptischen Evangelien auf, die auf voneinander abweichende Akzentuierungen und Kontextgebungen der jeweiligen Evangelisten zurückzuführen sind. Noch offensichtlicher sind die Unterschiede zum später entstandenen Johannesevangelium.

Hier zeigt sich eine weitere Schwierigkeit. Aufgrund dieser Differenzen kann der tatsächliche **Sitz im Leben Jesu** nicht eindeutig aus den einzelnen Erzählungen abgeleitet werden. Die Bibel darf also nicht als exaktes Historienwerk verstanden werden, sondern als eine Widergabe spezifischer Glaubenserfahrungen. Daher muss jeder biblische Text auf die **Absicht seines Autors** hin untersucht werden. Dies ist jedoch wiederum problematisch, da die **Zuordnung eines Autors** zu einem bestimmten Text nicht ohne weiteres vorgenommen werden kann. So haben einige Autoren ihre Texte unter dem Namen früherer Autoren veröffentlicht. Wir wissen heute, dass beispielsweise ein Teil der sogenannten Paulusbriefe nicht von Paulus, sondern von seinen Schülern stammt. Auch wurden „fremde" Texte in späteren Zeiten fälschlicherweise namentlich bekannten Autoren zugeordnet (z. B. Deutero-Jesaja) oder unter einer Autorenschaft zusammengefasst. So waren mindestens drei verschiedene Personen am Entstehen des Johannesevangeliums beteiligt. Besonders problematisch ist in diesem Zusammenhang die redaktionelle Bearbeitung zahlreicher biblischer Texte. Diese **späteren Überarbeitungen** sind häufig nur schwer vom ursprünglichen Text abzugrenzen. Bedacht werden sollte in diesem Zusammenhang, dass sich ein großer Teil neutestamentlicher Schriften auf Texte des Alten Testaments bezieht. Viele hier aufgeführte Vorstellungen sind somit bereits als Weiterentwicklungen alten biblischen Gedankenguts anzusehen. Hier erweist sich dieser Aspekt jedoch als Vorteil, da die Texte miteinander verglichen und die Modifizierungen somit nachvollzogen und differenziert beurteilt werden können. Heutige Leser erhalten hierdurch sowohl Hinweise auf das ursprüngliche wie auch auf das spätere Verständnis entsprechender Textstellen.

Eine weitere Relativierung biblischer Texte ergibt sich aus ihrer **Überliefe-rungsgeschichte**. Bis zur Fertigstellung unserer heutigen Bibel wurden die Texte mehrfach redaktionell überarbeitet, verfälscht, falsch zugeordnet, falsch oder zumindest zweideutig übersetzt und aus einer großen Anzahl Texte (subjektiv) ausgewählt und zum heutigen katholischen Kanon zusammengestellt. Selbst hier gab es unterschiedliche Meinungen, wie die abweichende Zusammenstellung des protestantischen und des jüdischen Kanons belegen.

Zu weiteren Fehlern und Missverständnissen führten schließlich die notwendigen mehrfachen **Übersetzungen**, da „*jede Übersetzung* [...] *ja auch eine Übertragung in ein neues Denk- und Lebensgefühl und in neue und andere Wertsysteme*"[48] ist. Hinzu kommt, dass unterschiedliche Sprachsysteme auch unterschiedliche Differenzierungen ihrer Begriffe vornehmen, die nicht immer eindeutig zu bestimmen und treffend wiederzugeben sind. So weisen allein die deutschsprachigen Bibelübersetzungen zum Teil erhebliche Unterschiede auf. Für das griechische Wort *logos* beispiels-weise lässt sich im Deutschen kein Äquivalent, sondern lediglich eine Vielzahl unterschiedlicher Begriffe finden. Jede Beschränkung auf einen Begriff wäre so unzureichend, dass das *Münchner Neue Testament* hier auf eine Übersetzung gänzlich verzichtet.

Wer also heute Bibel interpretieren will, muss sorgfältige Bibelexegese betreiben. Dies bedeutet vor allem, die Schriften aus der Spezifizität ihrer jeweiligen Kultur heraus zu verstehen.

---

[48] *H. Schüngel-Straumann*, 1989, S. 47.

So unterschiedlich diese Kulturen auch gewesen sein mögen, so bleiben sie sich doch hinsichtlich des Frauenbildes der Bibel nahezu gleich. Es handelt sich jeweils um patriarchale Kulturen, deren Wahrnehmung und Sprache – mehr oder weniger – androzentrisch geprägt ist. Diese Prägung durchzieht die gesamte Entstehungs- und Überlieferungsgeschichte der Bibel und setzt sich bis heute in zahlreichen Bibelinterpretationen und der sich daraus ableitenden (und rechtfertigenden) Struktur der Amtskirche fort. Die Bibel wurde in einer Männergesellschaft von Männern geschrieben, überarbeitet, zusammengefasst, interpretiert und verkündet.[49] Dieser Aspekt darf bei der heutigen Bibelinterpretation und -verkündigung nicht vergessen werden. Hinsichtlich der Frage nach dem biblischen Frauenbild muss er sogar an erster Stelle stehen.

Die Bibel liefert eine Vielzahl von Lebensentwürfen, bei deren Verkündigung es eine große Rolle spielt, welche Geschichten ausgewählt und aus wessen Sicht heraus diese vorgestellt werden. In der Vergangenheit ist hierbei eine Tendenz festzustellen, die der Entstehungs- und Überlieferungsgeschichte entspricht: Männer stehen im Vordergrund, sie sind die „Helden", aus ihrer Sicht wird erzählt. Frauen erscheinen sekundär und farblos oder aber im Kontext mit Schuld und (scheinbarer)[50] Unterwürfigkeit. Eine solche androzentrische „Brille" führt zu Sinnverfälschungen hinsichtlich des biblischen Frauenbildes.

Schließlich gilt es zu bedenken, dass auch die „frauenfreundlichen" Agitatoren und Autoren der Bibel in ihrem Handeln ihrer Zeit Rechnung tragen. Auch Jesus wird in seiner Parteinahme für die Frauen und seinem revolutionären „Anders-Handeln" durch gesellschaftliche Normen eingeschränkt.

Das *„damalige kulturelle und gesellschaftliche Milieu', in dem Jesus und die Apostel praktisch so, handeln mussten, wie sie gehandelt haben, ohne*

---

[49] Die Autorenschaft von Frauen ist zwar nicht auszuschließen, aber auch nicht belegbar. Falls es biblische Autorinnen gegeben hat, ist jedoch anzunehmen, dass sie die Ausnahme waren.

[50] vgl. Kap. 5.3.

dass ihr Verhalten eine normative Bedeutung für alle Zeiten haben muss "[51]
muss hierbei berücksichtigt werden.

Zielsetzung heutiger Bibelinterpretation muss es sein, die androzentrische „Brille" abzulegen und so – mit einer ungetrübten Sicht – die *Heldinnen* der Bibel zu entdecken.

4.2. Weibliches Gottesbild

Der Glaube Israels war nicht immer monotheistisch. Vor dem Jahwe-Glauben gab es die Vorstellung eines Götter-Paares, eines Gottes und einer Göttin. In Jahwe wurden die Eigenschaften beider, männliche und weibliche Eigenschaften also, vereint.[52] Die Angst vor einem hierdurch entstehenden Ditheismus oder der Vorstellung eines androgynen Gottes und die patriarchalen Strukturen, in denen sich der neue Jahwe-Glaube entwickelte, stellten die männlichen Eigenschaften Gottes jedoch zunehmend in den Vordergrund. Dennoch war und ist das Bedürfnis *„nach einer lebensfreundlichen Macht, nach Gott der Mutter, nach echten Müttern, die [...] ihren Töchtern durch keine restriktiven Gesetze Lebensbereiche verschließen"*[53] groß. Tatsächlich sind in den *„Gottesbilder(n) der Bibel [...] mehr weibliche Identifikationsmöglichkeiten enthalten, als oft vermutet wird."*[54] Auf der Suche nach weiblichen Eigenschaften finden sich jedoch auch solche Aspekte, die an ein Zwitterwesen denken lassen. Andere Religionen haben die Dreifaltigkeitslehre oft auf Gott, Maria und Jesus als heilige Familie bezogen. In der Tat mag die extreme Marienverehrung der katholischen Kirche aus der Sehnsucht nach einem weiblichen Element in der Religion heraus entstanden sein. Johann Friedrich Konrad spaltet in seiner Erzählung

---

[51] *Herlinde Pissarek-Hudelist*, Die Bedeutung der Sakramenttheologie Karl Rahners für die Diskussion um das Priestertum der Frau, in: *H. Vorgrimler* (Hg.), Wagnis Theologie. Erfahrungen mit der Theologie Karl Rahners (Festschrift zum 75. Geburtstag), Freiburg 1979, S. 432, zit. nach: *Michael Raske*, „Warum dürfen Frauen nicht Priester werden?", in: Kat. Bl. 113/1988, S. 888.

[52] Vgl *H. Schüngel-Straumann*

[53] *Elisabeth Moltmann-Wendel*, Das Land, wo Milch und Honig fließt. Perspektiven einer feministischen Theologie, Gütersloh 1985, S. 101.

[54] a. a. O. S. 109.

„Unter dem Liebesbaum. Eva erzählt"[55] Gott in SIE und ER auf, je nachdem, ob sogenannte „weibliche" oder „männliche" Eigenschaften Gottes im
Vordergrund stehen. Er versucht hierdurch der *ruach*, der Geisteskraft
Gottes, die wie die *sophia* (= Weisheit) weiblich besetzt ist, zu ihrem
(weiblichen) Ausdruck zu verhelfen. Beide, *sophia* und *ruach* entstammen
der nahezu vergessenen matriarchalisch geprägten Weltanschauung antiker
Kulturen und sind als deren Vermächtnis in die patriarchale Denkweise des
alten Judentums eingegangen. Sie sind Ausdruck des weiblichen Prinzips
der lebensspendenden, integrierenden Schöpferkraft. Ein Wiederentdecken
der alten Sophia-Lehre[56] kann uns an die (Auch-)Weiblichkeit Gottes
erinnern und Frauen zu einem neuen Selbstverständnis verhelfen, beinhaltet
aber auch die Gefahr, eine zu harte Trennungslinie zwischen weiblichen und
männlichen Eigenschaften zu ziehen. Eine Betonung der Weiblichkeit
Gottes ist wichtig, um alte Strukturen eines einseitig männlichen Gottesbildes aufzubrechen. Dies muss jedoch eine Übergangslösung bleiben, da
ansonsten keine wirkliche Veränderung stattfindet. Befreiend wirken kann
ein neues Gottesverständnis nur, wenn es die alten Kategorien von männlich
und weiblich zugunsten eines offenen Gottes- und Menschenbildes aufgibt.
Rosemary Radford Ruether warnt dementsprechend davor, *„Denkmodelle
göttlicher Zweigeschlechtlichkeit"* zu entwickeln, *„in denen die patriarcha-
lische Aufspaltung zwischen maskulin und feminin auf göttlicher Ebene
einfach nachvollzogen wird."*[57] Bei der Suche nach weiblichen Gottesbildern darf also nie vergessen werden, dass Gott weiblich **und** männlich **und**
mehr als das ist. Wann immer Menschen versuchen, Gott mit menschlichen
Kategorien zu erfassen, besteht die Gefahr, Gottes Vielfalt zu reduzieren.
Hierauf deutet auch das biblische Bilderverbot (Ex 20,4 und Dtn 5,8) hin.
Das jüdische Verbot, Gottes Namen auszusprechen, zielt in die gleiche

---

[55] *Johann Friedrich Konrad*, Als Eva noch alleine war. Frauen der biblischen Urgeschichte
erzählen, Stuttgart 1993.

[56] Eine genauere Auseinandersetzung mit der Sophia-Lehre würde hier zu weit führen. Ich
möchte daher verweisen auf: *C Mulack*, Im Anfang war die Weisheit. Feministische Kritik
des männlichen Gottesbildes, Zürich 1985; dt. Rechte bei Kreuz Verlag, Stuttgart 1988;
sowie: *E. Schüssler Fiorenza*, Zu Ihrem Gedächtnis. Eine feministisch-theologische
Rekonstruktion der christlichen Ursprünge, Mainz 1988, S. 177-189]

[57] *Rosemary Redford-Ruether,* Sexismus und die Rede von Gott. Schritte zu einer anderen
Theologie, Gütersloh 1985, S.81.

Richtung. Dennoch ist es unmöglich, Gott ohne menschliche Vorstellungen von ihm zu denken. Der Ausweg aus diesem Konflikt ist in einem Gottesbild zu suchen, welches der göttlichen Vielfalt gerecht wird. Hierbei darf jedoch nie vergessen werden, dass es sich lediglich um Abbilder Gottes, um Annäherungen an seine Realität handeln kann. *„Gott ist sprachlichen Analogien ähnlich, aber auch ganz anders [...]. Gott ist männlich und weiblich, und er ist weder männlich noch weiblich. Wir brauchen eine umfassende Sprache für Gott, die die Vorstellungen und Erfahrungen beider Geschlechter einbezieht.“*[58]

In der Priesterschrift wird ausdrücklich betont, dass Gott den Menschen ihm gleich und zwar als Frau und Mann geschaffen hat (Gen 1,27). Das hier für Gott gewählte Wort *'elohim* ist geschlechtsneutral und etwa mit „Gottheit" zu übersetzen. „Gott" darf also nicht mehr in Abgrenzung zu einer Göttin gedacht werden, sondern vielmehr als Überbegriff eines sowohl männliche als auch weibliche Eigenschaften umfassenden Gottes. Die Gottesebenbildlichkeit des Menschen schließt die Frau hier eindeutig mit ein. Der zweite Schöpfungsbericht (Genesis 2/3) hingegen lässt auch eine andere Deutung zu. Die Genesis-Texte verdeutlichen, wie stark Gottesbild und Frauenbild einander bedingen. Ein Gottesverständnis, nach dem Gott gleichberechtigt männliche und weibliche Eigenschaften in sich vereint und Mann und Frau nach seinem Abbild geschaffen hat, lässt eine Diskriminierung der Frau nicht zu. Ebenso würde ein männlich dominiertes Gottesbild und die Idee einer Rangordnung in der Erschaffung von Mann und Frau auch eine weltliche Hierarchisierung rechtfertigen. Erstere Gottesvorstellung lässt sich aus Genesis 1 ableiten, letztere wurde mit Genesis 2 und 3 begründet. Hier schafft der Jahwist eine Wirklichkeit, die es späteren Interpreten leicht macht, die Frau als minderwertig und gottfern zu sehen und mit der Sünde zu identifizieren.[59] Problematisch hierbei ist, dass Gott wohl schwerlich weibliche Anteile haben kann, wenn diese mit der Sünde gleichzusetzen sind. Umgekehrt gilt, dass eine Gottesvorstellung, die weibliche Eigenschaf-

---

[58] *R.. Radford-Ruether*, S. 88.

[59] vgl. *H. Schüngel-Straumann*, a.a.O.

ten beinhaltet, eine Gleichsetzung der Frau mit der Sünde ausschließt. Welche von beiden Interpretationen bibelkonformer erscheint, hängt stark von der Auslegung von Genesis 2 und 3 ab. Wer diese androzentrisch liest, in der Absicht, patriarchale Strukturen gerechtfertigt zu sehen, hat hier ein leichtes Spiel. Es ist schon viel Sorgfalt notwendig, um diese Bibelstellen anders zu lesen, wie beispielsweise Helen Schüngel-Straumann in ihrem Buch „Die Frau am Anfang. Eva und die Folgen". Anhand ihrer Überlegungen löst sich der scheinbare Widerspruch zwischen der in Genesis 1 genannten Vorstellung eines (auch-)weiblichen Gottes und dem Genesis 2/3 entnommenen Bild der Frau als personifizierte Sünde.[60]

Verantwortlich für das lang verbreitete patriarchale Gottesbild sind vor allem auch die nachfolgenden Bücher des Pentateuchs, die die Geschichte Israels von Abraham bis Moses erzählen. Jahwe erscheint hier immer wieder als der richtende und strafende Gott (Sintflut, Sodom und Gomorra, etc.), der die *Herzen der Menschen verhärtet* (vgl. beispielsweise Ex 9,12), einzelne Vergehen hart bestraft, aber den Tod ganzer Volksgruppen hinnimmt, sofern es sich dabei nicht um das *auserwählte Volk* Israel handelt. Auch hier gilt, dass die Geschichten nicht wörtlich genommen werden dürfen, sondern aus ihrer Zeit heraus verstanden werden müssen. Dennoch macht eine zeitimmanente Sichtweise den Gott der fünf Büchern Mose zwar sympathischer, schwerlich jedoch weiblicher. Bei genauem Hinsehen finden sich allerdings auch im Pentateuch weibliche Elemente in den hier angebotenen Gottesbildern. So heißt es in Exodus 19,4: „*Ihr habt gesehen, was ich den Ägyptern angetan habe, wie ich euch auf Adlerflügeln getragen und hierher zu mir gebracht habe.*" Zwar wird hier über das Geschlecht des Adlers nichts ausgesagt, jedoch entspricht das hier verwendete Bild dem einer **Adler*mutter***, die ihre Jungen schützt. In Deuteronomium 32,11 wird dieses Bild erneut aufgegriffen. Hier wird eindeutig von „*seinen* Adlerflügeln" gesprochen. Gleichzeitig wird aber durch die Nennung der Jungen das Bild der fürsorgenden Mutter unterstützt, so dass ein weibliches Gottesbild zumindest impliziert ist. Eine eindeutig weibliche

---

[60] Zur Konkretisierung dieser Überlegungen siehe Kapitel 4.3.

Zuordnung hingegen gibt ein entsprechendes, in Matthäus 23,37 verwendetes Bild:

Hier heißt es: „*Wie oft wollte ich deine Kinder um mich sammeln, so wie eine **Henne** ihre Küken unter ihre Flügel nimmt*".[61] Das Bild der schützenden Flügel wird zudem an zahlreichen weiteren Stellen des Alten Testaments aufgegriffen, besonders in den Psalmen.[62]

In Psalm 123,2 vergleicht der Psalmist sein[63] Verhältnis zu Gott sowohl mit dem eines Knechts zu seinem Herrn als auch mit dem einer Magd zu ihrer **Herrin**. Die Doppelung weist auf das Bedürfnis hin, das Verhältnis zwischen Mensch und Gott von jeder geschlechtlichen Zuordnung zu befreien. In ähnlicher Weise sind im Neuen Testament einige Gleichnisse gedoppelt wie das von dem verlorenen Schaf (Mt 18,10-14 und Lk 15,3-7), bzw. der verlorenen Drachme (Lk 15,8-10) und das Reichgottes-Gleichnis vom Senfkorn (Mt 13,31-32; Mk 4,30-32; Lk 13,18-19) bzw. vom Sauerteig (Mt 13,33; Lk 13,20-21). Diese beziehen sich zwar nicht auf Gott, verdeutlichen aber, dass die Heilsverkündung sowohl für Männer als auch für Frauen gilt und unterstreichen damit die Aussage von Genesis 1.

In Jesaja 49,15 wird Gott mit einer **Frau** bzw. **Mutter** verglichen, die ihr Kind nicht vergessen würde, in 66,13 mit einer Mutter, die ihren Sohn tröstet. Jesaja 42,14 und Deuteronomium 32,18 sprechen von Gott als **Gebärende**, Psalm 22,10 als **Geburtshelferin**.

Hosea 11 zeichnet das Bild Gottes als einer **liebenden Mutter**, die um ihren Sohn (Israel) ringt. Die Einheitsübersetzung weist auf einen Vergleich Gottes mit *Eltern* hin, zahlreiche Interpretationen zielen auf ein *Vater*-Sohn-Verhältnis ab. Helen Schüngel-Straumann[64] bietet eine andere Übersetzung an, die das Bild des liebenden Elternteils durch Begriffe wie „*gestillt*" (Vers

---

[61] Hervorhebung von mir; siehe auch Lk 13,34.

[62] Ps 17,8; 36,8;57,2;61,5 und 91,4.

[63] wörtlich: „unser".

[64] *H. Schüngel-Straumann*, Gott als Mutter in Hosea 11, in: Theologische Quartalsschrift, 166. Jg. 1986, S. 119-134.

3) und „*Mutterschoß*" (Vers 8) eindeutig als das einer Mutter kennzeichnet. Die Beschreibung der Liebe Gottes entspricht in beiden Übersetzungen der alttestamentlichen Vorstellung mütterlich-umsorgender, nicht aber väterlich-richtender Liebe. Ebenso vermutet Schüngel-Straumann aufgrund der Wortwahl, dass Vers 9 „*Gott bin ich und nicht Mann*" tatsächlich den – rachsüchtigen – *Mann* meint. Die Einheitsübersetzung spricht hier von „*Mensch*". Diese Übersetzung würde die Frau mit einschließen und ihr somit indirekt auch das Recht auf Rache zusprechen. Eine solche Interpretation würde allerdings dem altorientalischen Frauenbild widersprechen.[65] Es ist allerdings interessant, dass die Bibelübersetzung, die gewöhnlich zur männlichen Wortform greift und die Frau höchstens „mit-meint", sich dort für eine die Frau einschließende Übersetzung entscheidet, wo ein negatives Männerbild beschrieben ist.

In Hosea 13,8 schließlich wird Gott als **Bär*in*** bezeichnet.

Bei den hier aufgeführten Textstellen handelt es sich jeweils um einen Vergleich, keine spricht eindeutig von einem weiblichen Gott. Hingegen gibt es zahlreiche Stellen, in denen Gott eindeutig männliche Attribute zugesprochen werden wie zum Beispiel dessen Bezeichnung als „*Herr*" im Alten Testament oder „*Vater*" im Neuen Testament. Eine eindeutig weibliche Charakterisierung wäre jedoch in der damaligen Zeit – und es stellt sich die Frage, ob es heute anders wäre – zweifelsohne als Gotteslästerung interpretiert worden. Aus der damaligen Zeit heraus betrachtet, sind die o.g. „weiblichen" Gottesbilder erstaunlich deutlich.

4.3. Das Frauenbild im Alten Testament

Das Frauenbild der Bibel ist ebenfalls stark von der Auslegung der Genesis-Texte geprägt. Wie bereits beschrieben ist die Priesterschrift diesbezüglich eindeutig. Die Missverständlichkeit des zweiten Schöpfungsberichtes hingegen erfordert eine genauere Betrachtung. Genesis 2/3 muss durchaus nicht als Widerspruch zu Genesis 1 verstanden werden. Hierfür muss man

---

[65] *H. Schüngel-Straumann*, 1989, S. 91-92.

sich zunächst von der Vorstellung trennen, dass mit Adam nur der Mann gemeint sei. Ursprünglich war 'adam der Begriff für „Mensch"[66]. Erst durch die Einführung Evas (hawwah = Lebensspenderin)[67] wurde Adam rückwirkend als Mann verstanden. Alle Aussagen über Adam, bezogen sich also ursprünglich auf Mann und Frau. Die Ableitung einer Rangfolge aufgrund der Erschaffung Evas aus der Rippe Adams ist ebenfalls nicht legitim. Ansonsten müsste auch Adam „als der Ackererde nachgeordnet bzw. untergeordnet" anerkannt werden.[68] Auch der Vorwurf, dass die Frau die Sünde in die Welt gebracht habe, lässt sich nicht halten. Die Sündenfallerzählung ist nur eine von mehreren Versuchen der Urgeschichte (Gen 1-11), „die Entfremdung zwischen Gott und Mensch einerseits und zwischen den Menschen andererseits, ebenso zwischen dem Menschen und der Schöpfung in den verschiedensten Facetten"[69] zu erklären. Es wird also immer wieder die gleiche Geschichte neu erzählt. Bemerkenswert hierbei ist, dass in den vier hier erzählten Sündengeschichten – Essen vom verbotenen Baum, Brudermord, Sintflut und Turmbau – nur in einer (ausschließlich) eine Frau die aktive Hauptrolle innehat.[70] Dennoch wird hieraus die Gleichsetzung der Frau mit der Sünde gerechtfertigt, was jedoch vor allem der Interpretationsgeschichte, nicht aber dem Genesis-Text angelastet werden muss. Die sexistischen Interpretationen von Genesis 2/3 sind demnach nicht haltbar. Dennoch durchzieht die Idee von der Frau als die dem Mann unterlegene, gottferne Sünderin zahlreiche Texte des Alten (z. B. Sir 25,24) und auch des Neuen (z. B. 1 Kor 11,2-16) Testaments. Die Auswirkungen des zweiten und dritten Genesis-Kapitels für die Stellung der Frau durch die Jahrhunderte hindurch kann nicht hoch genug eingeschätzt werden.

---

[66] vgl. a.a.O., S. 105; S. 140.

[67] vgl. a.a.O., S. 144-148.

[68] *H. Schüngel-Straumann*, S. 143

[69] a.a.O., S. 96.

[70] *H. Schüngel-Straumann* zählt hierzu ebenfalls Gen 4,17ff und 6,1-4, die ich an dieser Stelle jedoch aussparen möchte, da sie meiner Meinung nach weniger eindeutig auf die hier beschriebene Problematik hinweisen und daher eine eigene Untersuchung erfordern würden. Vgl. *H. Schüngel Straumann*, S. 98.

Wie in den Genesis-Texten erweist sich das Frauenbild auch in den übrigen alttestamentlichen Schriften als höchst ambivalent.

Zum einen ist hier wiederum die vor*herr*schende patriarchale Prägung unübersehbar. So gibt es zahlreiche namenlose Frauen, die bestenfalls durch ihre Zugehörigkeit zu einem Vater, Mann oder Sohn bezeichnet sind. Etwas eigenständigere Frauen werden durch ihre Taten oder den Ort ihrer Herkunft benannt. Die Geschichtsbücher nennen zwar viele Frauen auch mit Namen, jedoch häufig nur innerhalb eines Stammbaums und wiederum in Bezug auf ihre Rolle als Mutter oder Ehefrau.

Zum anderen zeugt das Alte Testament aber von zahlreichen mutigen und starken Frauen, die selbstbewusst ihren Weg gehen, sich mit Unrecht nicht abfinden und entscheidend in die Geschichte ihres Volkes eingreifen. *„Es ist eigenartig, dass Auflehnung gegen die bestehende gesellschaftliche Ordnung, wo sie zum Unrecht wird, immer nur von Frauen ausgeht. Und in jedem Fall wird solchem Sich-Wehren recht gegeben.“*[71] Drei Bücher des Alten Testaments handeln von solchen großen Frauen und sind nach ihnen benannt: Rut, Judith und Ester. Gerade die patriarchale Prägung der Bibel lässt erkennen, wie eindrucksvoll diese Frauen gewesen sein müssen, dass uns ihre Taten durch alle Männergesellschaften hindurch erhalten geblieben sind.

Die Theologin Silvia Schroer hat darauf hingewiesen, dass sich die Frauengestalten des Alten Testaments *„ganz ähnlich wie die Göttinnendarstellungen in der altorientalischen und israelitischen Kunst, bestimmten Rollen zuordnen“*[72] lassen. Demnach gibt es „(Schutz-) Patroninnen“, „Mittlerinnen“ und „Kriegerinnen“ von denen einige im Folgenden vorgestellt werden.

---

[71] *Claus Westermann*, Genesis. Biblischer Kommentar AT I/3, Neukirchen 1982, S. 52.

[72] *Silvia Schroer*, Abigajil. Eine kluge Frau für den Frieden, in: *Karin Walter* (Hg.), Zwischen Ohnmacht und Befreiung, Freiburg im Breisgau 1988, S. 97.

4.3.1. „Patroninnen"

Eine ganze Reihe „Patroninnen" finden sich in der sogenannten Stamm*väte-re*rzählung, die treffender „Stamm*eltern*erzählung" heißen müsste. Als „Stamm*mütter*" sind hier Sara, Rebekka, Lea und Rahel zu nennen, die am Entstehen der zwölf Stämme Israels ebenso viel Anteil haben wie ihre Männer.

So „spricht" Gott zwar immer nur mit Abraham, in sein Bündnis mit diesem ist **Sara** jedoch eindeutig eingeschlossen. Abrahams Nachkommen sollen demnach *zahlreich wie der Staub auf der Erde* (Gen 13.16) sein. Wie sehr dieses Versprechen im Zentrum des Bundes steht, wird an dessen mehrfacher Wiederholung[73] deutlich. An sieben Textstellen (vor der Geburt Isaaks) geht es um die Nachkommenschaft Abrahams, jeweils im Zusammenhang mit dem Bund, den Gott mit den Menschen schließen will. Beides durchläuft die Erzählung wie ein roter Faden. Die Nachkommenschaft Abrahams ist jedoch eindeutig an Sara gebunden. Immerhin an zwei der sieben Textstellen wird sie eindeutig als Mutter des Kindes genannt, mit dem *Gott einen Bund schließen will* (vgl. Gen 17,21). Die erste Hälfte des Kapitels 18 (Vers 1-22) ist auf die entsprechende Verkündigung an Sara zugeschnitten. Zwar sprechen die „drei Männer" wiederum nur mit Abraham, doch ist Saras Mithörerschaft bekannt und wohl auch beabsichtigt. Die Art der Erzählung erweckt den Eindruck, dass die Männer sich eigentlich an sie richten. Doch Gottes Bezugnahme auf Sara wird schon vorher deutlich. Weder die Preisgabe an den Pharao[74] noch die Ersatzmutterschaft **Hagars** (Gen 16), die eine Mutterschaft Saras ausschließen bzw. überflüssig machen würde, lässt Gott zu. Hagar wird zwar tatsächlich schwanger, ihr Sohn kann jedoch nicht Bundesgenosse Jahwes werden (Gen 17,15.21). Hier wird somit deutlich, dass Jahwe Sara in seinen Bund mit Abraham einschließt. Sowohl bezüglich des Pharaos als auch bezüglich Hagars ergreift er eindeutig Partei für Sara, lässt aber auch Hagar in ihrem Leid nicht im Stich

---

[73] Gen 12,7; 13,15-16; 15,4-5, 13-16, 18-21; 17,4-21; 18,10-19.

[74] Gen 12,10-21; Gen 20,1-18 Muss wohl aufgrund der starken Übereinstimmung mit Gen 12 als Parallelgeschichte angesehen werden; vgl. hierzu: *Irmtraud Fischer*, Sara. Frauen unter der Verheißung, in: *K. Walter*, S. 26f.

(Gen 16 und 21,9-21). Der Gott der Genesis beruft also auch Frauen und setzt sich für sie ein.

Ebenso handelt er gegenüber **Lea** und **Rahel** (bzw. ihren Mägden **Bilha** und **Silpa**) indem er ihre wechselseitigen Klagen bezüglich ihrer Mutterschaft erhört (Gen 29,31 - 30,24).

Zwei große Kapitel der Genesis sind **Rebekka** gewidmet. Sie beschreiben ihre Heirat (Gen 24) und ihr Eingreifen bezüglich des Erstgeburtssegens ihres Sohnes (Gen 27). In ersterem erscheint Rebekka aus heutiger Sicht recht farblos. Sie entspricht dem Idealbild einer guten und gottesfürchtigen Frau. Über ihre eigenen Gefühle erfahren wir nichts. Immerhin wird sie – was ungewöhnlich genug ist – gefragt, ob sie dem Werben Isaaks (bzw. dessen Knechts) nachgeben will, was sie bejaht. In einem Kinderbuch von Relindis Agethen (s. u.) wird diese scheinbare Passivität als tiefes Vertrauen in Gott ausgelegt, welches sie ihren Weg erkennen und furchtlos begehen lässt. Tatsächlich kann der Kontrast zwischen Rebekkas Passivität und der Bestimmtheit, mit der sie die eher ungewöhnliche Frage beantwortet, einen entsprechenden Eindruck vermitteln. In Bezug auf das Erstgeburtsrecht wird Rebekka dann deutlich aktiv. Sie hat ihre Wahl getroffen (Jakob) und setzt diese zielstrebig und erfolgreich durch: Jakob erhält den Erstgeburtssegen. Noch ein zweites Mal greift Rebekka in das Geschehen ein und rettet Jakob vor Esau, indem sie ihm zur Flucht rät. Rebekkas Aktivitäten können aus heutiger Sicht als hinterlistig interpretiert werden. Innerhalb der Geschichte entspricht ihr Tun jedoch Jahwes Plan bezüglich ihrer Söhne. Sie wird somit zur Helferin Gottes. Weniger theologisch gedeutet erscheint ihre Handlungsweise als die einer klugen und zielstrebigen Frau, die den Rahmen ausschöpft, den *Mann* ihr als Frau zugesteht. Zudem verhindert ihre List zumindest im zweiten Fall ein Blutvergießen.

Als „Schutzpatroninnen" müssten auch die Frauen im zweiten Buch Mose gesehen werden, denen Mose sein Leben verdankt. Sechs Frauen sind nötig, um sein Leben zu retten. Die beiden Hebammen **Schiffra** und **Pua** weigern sich, dem Gebot des Pharaos, alle hebräischen Knaben sterben zu lassen, Folge zu leisten (Ex 1,15-21). Die **Mutter** des Mose lässt diesen, entgegen der königlichen Verordnung, am Leben und beauftragt **seine Schwester**

(Mirjam?), ihn im Nil auszusetzen. Diese verfolgt auch sein weiteres Schicksal und kann so in das weitere Geschehen eingreifen. Die **Tochter** des Pharao schließlich findet Mose, lässt ihn aus Mitleid am Leben und zieht ihn groß (Ex 2). Das ihm somit gleich mehrfach geschenkte Leben setzt Mose jedoch leichtfertig aufs Spiel, als er in einem Wutanfall einen Ägypter erschlägt. Dennoch wird er von Gott berufen. Allerdings wird in Exodus 4,24-26 berichtet, dass *der Herr ihn töten will*, was wiederum von einer Frau – seiner Ehefrau **Zippora** – verhindert wird. Von den sechs Frauen, die Mose gerettet haben, bleiben drei jedoch namenlos.

In der folgenden Geschichte vom Auszug der Israeliten steht eine Frau, **Mirjam,** neben ihren Brüdern Mose und Aaron an der Spitze des Zuges.[75] Im Laufe der Exodusgeschichte wird immer wieder deutlich gemacht, dass sie hinter (dem auserwählten) Mose und (dem Mann) Aaron zurückzustehen hat. Ihr Dankeslied nach der Rettung aus dem Schilfmeer wird bedeutungslos im Vergleich zu dem vorher in aller Ausführlichkeit aufgeschriebenen Lied des Mose. Gerade deshalb stellt sich hier jedoch die Frage, warum es überhaupt erscheint. Ist es möglicherweise ursprünglich zu bedeutend gewesen, um es ganz auszulöschen? Diente dann das Lied des Mose der Hervorstellung seiner Bedeutung im Gegensatz zu Mirjam? Die beiden Lieder weisen interessante Unterschiede auf, die einen männlichen (späteren?) Autor des Mose-Liedes vermuten lassen. So besingt Mirjam (in einer älteren Textversion) vor allem die erfolgreiche Flucht, nicht aber – wie Mose – den Tod der Ägypter.[76] Auffällig ist auch, dass Mirjam als Aarons, nicht aber als Moses Schwester bezeichnet wird (Vers 15,20), was hinsichtlich der auf Mose zugeschnittenen Geschichte naheliegender wäre. Soll hierdurch der (Rang-)Unterschied zwischen Mose und Mirjam erneut unterstrichen werden? Immerhin wird Mirjam der Titel einer Prophetin zugesprochen. Dieser ist mit großer Hochachtung verbunden und kommt nur wenigen Frauen der Bibel zu, weist er diese doch gemäß dem israeliti-

---

[75] vgl. Micha 6,4: „*Ich habe Mose vor dir hergesandt und Aaron und Mirjam.*"

[76] In Ex 15,21 heißt es „*Rosse und Wagen warf er ins Meer*". Es geht hier also um das Kriegsmaterial, nicht um die Krieger selbst. Vgl. hierzu: *Marie-Theres Wacker*, Mirjam. Kritischer Mut einer Prophetin, in: *K. Walter*, S. 45f.

schen Verständnis als Sprecherinnen Gottes aus.[77] Ebenso ambivalent bezüglich der Bedeutung und Wertschätzung der Mirjam ist eine weitere, weniger bekannte Mirjam-Erzählung in Numeri 12. Hier kritisieren Mirjam und Aaron Mose wegen seiner Heirat mit einer kuschitischen Frau. Hierfür werden beide in einer zornigen Rede Gottes zur Rechenschaft gezogen. Aber nur Mirjam wird bestraft: sie wird aussätzig. Ihre Zurücksetzung bezieht sich also nicht nur auf die Rangfolge Mirjams gegenüber Mose (als dem Auserwählten Gottes), sondern auch auf ihre Stellung als Frau gegenüber dem Mann (Aaron).[78] Diese Zurücksetzung steht jedoch in deutlichem Gegensatz zu der Ehrerbietung, die ihr anschließend zuteil wird. So wartet das Volk in Numeri 12,15-16 auf die Genesung Mirjams, ehe es weiterzieht. Zudem wird in Kapitel 20 (Vers 1) ihr Tod und sogar ihre Begräbnisstätte beschrieben. *„Das Volk Israel hat seine Mirjam nicht abgeschrieben, sondern auf sie gewartet. Und es hat ihr mit der Erinnerung an ihr Grab in der Oase Kadesch ein Denkmal gesetzt, das nur den Großen in der Geschichte Israels zukommt.“*[79] Es ist also davon auszugehen, dass Mirjam eine weitaus größere Bedeutung für das Volk Israel hatte, als uns die Exodus-Erzählung zunächst vermuten lässt.

Schutzpatroninnen des Alten Testaments sind auch **Rahab**, die die Kundschafter Josuas vor dem König von Jericho rettet (Jos 2), **Joscheba**, die die rachsüchtige **Atalja** daran hindert, den Königssohn Joasch umzubringen (2 Kön 11) und **Michal**, die ihren Mann David vor ihrem Vater Saul bewahrt (1 Sam 19,11-17). Die Michal-Erzählung beinhaltet zudem eine Besonderheit. Michal ist die einzige Frauengestalt im Alten Testament, von der berichtet wird, dass sie einen Mann liebt.[80]

---

[77] Nach der rabbinischen Tradition gibt es sieben Prophetinnen: Sara, Mirjam, Debora, Hanna, Abigajil, Hulda und Ester, von denen jedoch nur Mirjam, Debora, Hanna und Hulda explizit als Prophetinnen bezeichnet werden. Vgl. *Ruth Albrecht*, Anna. Symbol weiblicher Integrität, in: *K. Walter*, S. 134.

[78] vgl. a.a.O., S. 47-49.

[79] a.a.O., S. 51.

[80] Ausnahme ist hier das Hohelied der Liebe, in dem Mann und Frau abwechselnd über ihre Liebe zueinander berichten. Vgl. *Ulrike Bechmann*, Michal. Retterin und Opfer Davids, in: *K. Walter*, S.75.

Tamar (Gen 38) und Rut, der sogar ein ganzes Buch gewidmet ist, werden insofern zu Patroninnen, als sie sich durch ihren Mut und ihre Klugheit selbst die Nachkommen verschaffen, die für das Ansehen einer Frau in ihrer Zeit so dringend notwendig waren.

Rut zeichnet sich hierbei durch Treue und Liebe zu ihrer – ebenfalls bemerkenswerten – Schwiegermutter **Noomi** aus, mit deren Hilfe sie, die Witwe und Ausländerin (in der damaligen Zeit die wohl niedrigste gesellschaftliche Stufe), sich einen neuen, guten und reichen Ehemann (Boas) erwirbt. Schon die Namen der beiden Frauen drücken ihre Beziehung zueinander sowie die Intention dieser Geschichte aus. Der Name Rut erinnert an ein hebräisches Wort, das sich mit „Freundin" oder „Nächste" übersetzen lässt. „Noomi" umfasst unterschiedliche Bedeutungen, die jedoch alle auf Begriffe wie „Liebe" und „Wonne" im Zusammenhang mit Gott hindeuten.[81] So stark ist diese Liebe, dass Rut in ihrem Treueversprechen (Rut 1,16f) Worte wählt, die ansonsten nur von Königen und Propheten überliefert sind[82] und die an das Treueversprechen in der Trauformel erinnern. Gegenseitige Liebe und Freundschaft sind es auch, die den beiden Frauen trotz aller widriger Umstände eine Zukunft ermöglichen, so dass Rut schließlich als „*besser als sieben Söhne*" (Vers 4,15) - was als Maßstab für ein erfülltes (Frauen-)Leben galt - bezeichnet wird. Neben diesen beiden Frauen berichtet das Buch Rut noch von einer weiteren Frau, **Orpa**, der zweiten Schwiegertochter Noomis. Demgegenüber erscheinen die Männer – mit Ausnahme Boas – hier nur sekundär (wie die Söhne Noomis) oder namenlos (wie der *Löser* und die Knechte). Die Frauen stehen im Zentrum, sie werden aktiv und sie sind es, denen der Dank der Nachkommenschaft (David und Jesus) gilt.

Ähnliches gilt für **Tamar**, der Schwiegertochter des Juda. Sie verschafft sich das Recht, das ihr von diesem vorenthalten wird. Als ihr Mann stirbt, geht sie, wie es in dieser Zeit üblich war, die Schwagerehe ein, um so ihrem ersten Mann (und sich) Nachkommen zu verschaffen. Als ihr zweiter Mann

---

[81] vgl. *R. Jost*, S.18-19.

[82] vgl. 1. Sam 3,17; 14,44; 25,22; sowie: a.a.O., S. 28.

auch stirbt, steht ihr die Ehe mit dem dritten Sohn Judas zu, die dieser ihr jedoch verweigert. Durch einen Trick, der ebenfalls viel Mut und Klugheit erfordert, verschafft sie sich Nachkommen von Juda, so dass dieser eingestehen muss: „*Sie ist mir gegenüber im Recht*" (Vers 26). Ihr Mut, sich mit der an ihr (an Frauen) verübten Ungerechtigkeit nicht abzufinden, wird schließlich sogar mit Zwillingen belohnt.

4.3.2. „Mittlerinnen"

Ein weiteres einer Frau gewidmetes Buch erzählt von **Ester**, die durch ihren Einsatz einen Judenpogrom zur Zeit des Xerxes verhindert. Ester, die nach der Vertreibung **Wastis** (s. Kapitel 5.2) die zweite Frau des Königs wird, erscheint zunächst sehr passiv und der traditionellen Frauenrolle angepasst. Ihr Onkel Mordechai ist der Aktive, der ihre Verheiratung und die Aufdeckung einer Verschwörung gegen den König in seine Hände nimmt. Schon hier fungiert Ester – auf Mordechais Bestreben hin – als Mittlerin. Als nach weiteren Intrigen ein Judenpogrom angeordnet wird, ist es erneut Mordechai, der Ester davon in Kenntnis setzt und sie zur Tat – der Fürbitte beim König – auffordert. Dies könnte für Ester jedoch lebensbedrohend sein, so dass sie zunächst ablehnt. Nach weiterem Drängen Mordechais wird sie jedoch aktiv. Von hier an handelt sie selbständig, mutig und klug und erreicht somit – nun weit mehr als eine Mittlerin – ihr Ziel. Hierbei gibt sie sich jedoch nicht mit der Aufhebung des Pogromaufrufs zufrieden, sondern erwirkt rachsüchtig „wie ein Mann" die Erlaubnis für alle Juden des Reiches, ihre Widersacher nun ihrerseits umzubringen. Ester sprengt hier den Rahmen einer Mittlerin völlig. Ihre anfänglich klischeehaft erfüllte Frauenrolle wandelt sich in ihr genaues Gegenteil – und niemand verurteilt sie dafür! Sie ist die „Heldin" der Geschichte, zu deren Ehren noch heute das jüdische Purimfest gefeiert wird.[83]

Eine andere beeindruckende „Mittlerin" ist **Abigajil** (1 Sam 25), die dritte Frau Davids. Abigajil wendet durch rasche Auffassungsgabe und schnelle Reaktion einen ihre Existenz bedrohenden Fehler ihres ersten Mannes Nabal

---

[83] vgl. *Leni Altwegg*, Waschti und Ester. Eine verpaßte Chance, in: *K. Walter*, S. 100-108.

zum Guten, indem sie David mit Gaben und einer beeindruckenden Rede von seiner Absicht, sich an Nabal zu rächen, abbringt. Sie beeindruckt diesen so sehr, dass er sie, nach dem Tod ihres Mannes, sogar zur Frau nimmt. Erstaunlich ist hierbei, wie deutlich die Klugheit und Schönheit Abigajils in dieser Erzählung herausgestellt werden. Schönheit bedeutet im Alten Testament immer auch „geistige Schönheit". Wer schön ist, der ist gottgefällig, der hat Jahwe auf seiner Seite. Unterstrichen wird dies noch durch ihren Mann, der, wie eine Kontrastfigur, als *„roh und bösartig"* (Vers 3) geschildert wird und dessen Name „Dummkopf" bedeutet. Ungewöhnlich ist auch, dass sich Abigajil in ihrer Rede indirekt als Gesandte Jahwes bezeichnet und sich somit zur Prophetin macht. (Vers 25).[84] Die Abigajil-Erzählung zeichnet das Bild einer beeindruckenden und selbstbewussten Frau, wie es den Frauen des Alten Testaments nur selten zugestanden wird.

4.3.3. „Kriegerinnen"

Debora (Ri 4-5) ist wohl eine der beeindruckendsten Frauen im Alten Testament. Sie ist Prophetin und Richterin. Ist Prophetin schon eine für Frauen der Bibel sehr seltene Bezeichnung – bedeutet sie doch, Sprecherin Gottes zu sein, was dem patriarchalen Frauenbild entgegenliefe – so ist die Bezeichnung einer Frau als Richterin mehr als ungewöhnlich. Debora ist die einzige Frau im Alten Testament, der dieser Titel zugesprochen wird.[85] Die feministische Freude über diese doppelte Ehrenbezeichnung wird jedoch sogleich geschmälert: Diese Frau, der die höchsten Ehrentitel verliehen wurden (Ri 4,4), nach der ein Baum benannt wurde, der bis heute an ihre Wirkungsstätte erinnert (Ri 4,5) und der ein Loblied gewidmet ist, das ein ganzes Kapitel umfasst (Ri 5), sogar diese Frau wird als *„Frau des Lap-pidot"* bezeichnet. Man(n) stelle sich vor, Samuel wäre vorgestellt worden, als „der Mann der ..." – Samuels Frau wird nicht einmal erwähnt, wohl aber seine Söhne. Wer ist die Mutter dieser Söhne? Der völlig unbedeutende Lappidot hingegen scheint zur Benennung einer berühmten und verehrten Frau wie Debora notwendig zu sein. Immerhin wird auch ihr eigener Name

---

[84] vgl. *S. Schroer*, a.a.O.

[85] vgl. *Katharina Elliger*, Debora. Mutter in Israel, in: *K. Walter*, S.55.

genannt. Und schließlich sind es Männer, die sie, die Frau, um Hilfe bitten. Wer sie sprechen will, muss *zu ihr hinauf*steigen, *„um sich Recht sprechen zu lassen"* (Ri 4,5). Die (Debora-)Palme, unter der sie sitzt, um ihr Amt auszuüben, besitzt großen Symbolwert. In Babylonien galt sie als Gottesbaum, in Ägypten als Lebensbaum und allgemein als Zeichen für Sieg, Freude und Hoffnung. Zudem muss sie relativ einzigartig gewesen sein, da es in Mittelpalästina in der Regel keine Palmen gab. Der Name Debora (= Biene) weist auf lebensspendende, königliche Eigenschaften hin.[86] Debora ist bedeutend genug, um Barak, den Sohn Abinoams, zu sich zu rufen. Sie eröffnet ihm, im Namen Gottes, einen Schlachtplan gegen die Israel bedrohenden Kanaaniter und deren Heerführer Sisera, den Barak ausführen soll. Hier zeigt sich die charismatische Ausstrahlung Deboras, denn Barak macht sein Handeln von ihrem Dabeisein abhängig: *„Wenn du mit mir gehst, werde ich gehen; wenn du aber nicht mit mir gehst, werde ich nicht gehen"* (Ri 4,8). Debora stimmt zu, warnt Barak aber dahingehend, dass der Siegesruhm dann nicht ihm, sondern einer Frau zuteilwerden würde. Die Tatsache, dass er den Ruhm an eine *Frau* verlieren würde, scheint besonders problematisch zu sein. Hier zeigt sich der Kontrast einer starken Frau in einer Männerwelt besonders deutlich. Alles geschieht schließlich so, wie von Debora vorausgesagt. Die Schlacht wird gewonnen, Sisera kann jedoch fliehen. Hier kommt nun eine zweite große Frau ins Spiel. **Jael** vollendet die Tat Deboras und tötet den zu ihr geflohenen Sisera. Barak ist zwar der Heerführer, die Aktivität geht jedoch von den beiden Frauen aus, die nicht resignieren und die – zum Glück ihres Volkes – ihre ihnen gesellschaftlich zugedachten Grenzen überwinden und so den Sieg ermöglichen. Ihnen ist auch – neben Jahwe – das sogenannte Debora-Lied[87] gewidmet. Es ist ein Lied der Frauen, das von *„den Tagen Jaels"* (Vers 6) spricht, von Debora, *„der Mutter in Israel"* (Vers 7), von Jael, die *„gepriesen sei [...] unter den Frauen"* (Vers 24) und von Siseras *„Mutter"* und deren *„Fürstinnen"* (Vers 28/29).

---

[86] vgl. *K. Elliger*, in: *K. Walter*, S.55-56.

[87] Das Debora-Lied wurde Debora zwar zugeschrieben, aber nie von ihr gesungen. Es entstand lange nach der Debora-Erzählung im 6. Jahrhundert v. Chr., also gut sechshundert Jahre nach dem hierin besungenen Ereignis. Vgl. hierzu *K. Elliger*, in *K. Walter*, S.54.

Judit ist die dritte Frau des Alten Testaments, der ein eigenes Buch gewidmet ist. Die Benennung des Buches nach ihr ist umso erstaunlicher, als – im Gegensatz zu den Büchern *Rut* und *Ester* – nur etwas mehr als die Hälfte wirklich von Judit handelt. Hierdurch wird der erste Teil des Buches zur Vorgeschichte der eigentlichen Judit-Erzählung. Wie Ester, Debora und Noel wird Judit zur Retterin ihres Volkes. Zum Zeitpunkt der Erzählung ist Judit Witwe und müsste von daher zur unbedeutendsten und ärmsten Bevölkerungsschicht zählen. Ihr Witwenstand, der in anderen Erzählungen eine so große Rolle spielt (vgl. Rut), ist hier jedoch unwichtig. Von Judit wird erzählt, dass sie reich, schön und gottesfürchtig ist. Besonders letzteres wird durch eine ausführliche Schilderung in den Versen 5, 6 und 8 (Kapitel 8) betont. Judits Bedeutung wird bereits in der Art ihrer Vorstellung deutlich. Ihr Name wird hier – im Gegensatz zu Debora – nicht durch ihre Zugehörigkeit zu einem Mann, sondern durch die Aufzählung ihres Stammbaums über 17(!) Generationen erweitert. Ihr Mann wird erst im zweiten Vers eingeführt und auch da nicht als der Mann, zu dem sie gehört, sondern als *„ihr Mann Manasse, der aus ihrem Stamm und ihrer Sippe war"*. Im ersten Teil des Buches Judit wird erzählt, wie das Volk der Israeliten durch Holofernes so massiv bedroht wird, dass die Ältesten der Stadt beschließen, sich diesem auszuliefern, wenn Gott ihnen nicht binnen fünf Tagen helfen würde. Von nun an wird Judit aktiv. Sie nimmt das Geschehen selbst in die Hand und handelt eigenständig und selbstverantwortlich. Zunächst schilt sie die Stadtältesten für das von ihnen an Gott gerichtete Ultimatum und teilt ihnen mit, dass sie das Problem noch vor Ablauf der Frist lösen werde. Sie begibt sich – begleitet von ihrer ebenfalls sehr mutigen **Dienerin** – in das Lager des Holofernes und beeindruckt diesen ebenso wie die Stadtältesten durch ihre Schönheit und Redegewandtheit(!) – wie Holofernes mehrmals ausdrücklich betont (Jud 11,21 und 23) –, so dass sie sein Vertrauen gewinnt. Durch dieses Vertrauen, ihre List und ihren Mut kann Judit Holofernes schließlich töten und zusammen mit ihrer Dienerin fliehen. Selbst dann gibt sie ihrem Volk noch Anweisungen, wie weiter vorzugehen ist. So erreicht Judit schließlich die Flucht der Männer des Holofernes und den Frieden für ihr Volk, denn niemand *„wagte mehr, die Israeliten zu beunruhigen, solange Judit lebte, und auch noch lange Zeit nach ihrem*

Tod" (Jud 16,25). Jeder Etappe ihres Erfolgs (Ermordung des Holofernes und Rückkehr, weitere Anweisungen und Flucht der Assyrer, Plünderung) folgt ein Jubelabschnitt über Judit durch Usija, Achior, den Hohepriester und den Ältestenrat und schließlich durch die **Frauen** in Israel, denen die Männer dann folgten. Der Jubel mündet schließlich in dem Judit zuge- schriebenen Lobgesang an Gott und Judit selbst, den das Volk „*im Wechsel mit ihr*" (Jud 15,14) singt. Das Buch Judit ist kein Geschichtsbuch im heutigen Sinne. Es handelt sich vielmehr um eine Art Lehrschrift[88], die aufzeigen soll, dass Israel immer dann unter seinen Feinden zu leiden hat, wenn es sich von Gott abwendet, dass es aber mit ihm immer siegreich ist. Judit übernimmt hierbei die Vorbildfunktion. Sie zeigt, wie sich das Volk Gottes verhalten soll. Immer wieder wird deshalb auf ihre Gottesfürchtigkeit hingewiesen sowie auf ihre Schönheit, Klugheit und ihren Reichtum, welche – wie bereits erwähnt – ebenfalls als Zeichen göttlichen Wohlgefallens angesehen wurden. Am Anfang (Kapitel 8) und am Ende (Kapitel 16) der eigentlichen Judit-Erzählung wird hierauf ausführlich hingewiesen. Judit lässt sogar ihre Dienerin frei, was ihre Gottesgefälligkeit erneut unter- streicht. Judits Handlungen werden von Gebeten begleitet. Ein großes Gebet geht ihrem Aufbruch voraus (Kapitel 9), ein Loblied auf Gott in Kapitel 16 beendet das Buch. Wie ein roter Faden durchzieht das Motiv des Betens und der Gottesfürchtigkeit das gesamte Buch, das vermutlich Ende des 2. / Anfang des 1. Jahrhunderts v. Chr. entstanden ist. Es ist hierbei allerdings zu fragen, warum der Verfasser ausgerechnet eine Frau in den Mittelpunkt eines Lehrbuches über gottesfürchtiges Verhalten gestellt hat. Handelt es sich hierbei um eine Personifizierung von *ruach* und *sophia*? Aber warum stehen dann die anderen Frauen der Judit-Erzählung – ihre Dienerin und die Frauen, die den Jubelzug anführen – so sehr im Vordergrund? Oder ist der Verfasser in Wahrheit eine Verfasserin? Auffällig ist jedenfalls, dass immer da, wo eine Frau im Mittelpunkt einer Erzählung steht, auch andere Frauen großes vollbringen, die Männer aber durchweg im Hintergrund bleiben. Dies gilt vor allem für die drei alttestamentlichen Bücher, die Frauen gewidmet sind, aber auch für die Errettung des Mose oder den Gebärstreit

---

[88] vgl. Kommentar in Einheitsübersetzung, Herder, S. 497.

der Frauen Jakobs. Festzuhalten ist weiterhin, dass die drei Heldinnen der überlieferten „Frauenbücher" des biblischen Kanons je einer der altorientalischen Kategorien (Patroninnen, Mittlerinnen und Kriegerinnen) entsprechen.

Die „Heldinnen" des Alten Testaments helfen sich häufig durch eine List, die ihnen aus heutiger Sicht als „typisch weibliche Hinterlist" ausgelegt werden kann (s. Rebekka). Überzeugender und gradliniger erscheinen hier schon die „Kriegerinnen", die „ihren Mann stehen", indem sie ihr Volk durch kriegerisches Einschreiten vor Bedrohungen von außen retten. Dennoch laufen gerade diese „Kriegerinnen" Gefahr, dass ihr Handeln als „männlich" kritisiert wird. Sogar Ester, die von Silvia Schroer als „Mittlerin" eingeordnet wird[89] schockiert durch ihr hartes Vorgehen. Leni Altweg berichtet, dass sie Ester als „blässlich, intrigant und rachsüchtig empfand"[90], entschuldigt deren Verhalten aber schließlich damit, dass Ester, aufgewachsen mit einem Frauenbild *„der Unterwürfigkeit gegenüber der männlichen Macht, [...] die eigene Macht, die sie plötzlich erfuhr, nicht anders als männlich leben" konnte.*[91] Ebenso betont Marie-Theres Wacker, dass Mirjam nur die Vernichtung des Kriegsmaterials, nicht aber die der Krieger besingt (s. o.). In beiden Fällen gilt Gewalttätigkeit als unweiblich, wohingegen Gewaltlosigkeit als lobenswerte weibliche Eigenschaft herausgestellt wird. Zu bedenken wäre hier jedoch, dass diese Bewertung sich vielleicht zu sehr an heutigen Friedens-Vorstellungen orientiert und das alttestamentliche Verständnis von „Gut" und „Böse", Recht und Unrecht dabei außer Acht lässt. Das Alte Testament spart ganz allgemein nicht an Brutalität. Das gilt auch für Jahwe (s. Exodus). Die Frage nach dem „Gut" und „Böse" im Alten Testament orientiert sich nicht an dem Maß an Gewaltlosigkeit bzw. Brutalität, sondern einzig und allein daran, wie gut oder schlecht eine bestimmte Handlungsweise für das „auserwählte Volk" Israel ist. Die Förderung Israels wird hier gleichbedeutend mit der Erfüllung des Willens

---

[89] *S. Schroer*, in *K. Walter, S. 97.*

[90] *L. Altweg*, a.a.O., S.104.

[91] a.a.O., S. 107f.

Jahwes verstanden. Die Chance, ein offenes, vielfältiges Geschlechterrollenverständnis in der Bibel zu entdecken, wird durch solche (heutige) Wertungen (Gewalt=schlecht=unweiblich) vertan. Auf der Grundlage einer Charakterisierung von Gewalt als männlich und Friedfertigkeit als weiblich wird es möglich, im o.g. Sinne die gewaltlos handelnden Frauen als diejenigen hervorzuheben, die „ihren" Weg als den „weiblichen" gehen. Ebenso könnte umgekehrt argumentiert werden, dass die Frauen die größere Leistung vollbringen, die ihre Frauenrolle überwinden und den „männlichen" Weg wählen. Zu fragen ist allerdings ob dieserart Hierarchisierung der Held*innen*haftigkeit der Frauen überhaupt angebracht ist. Es handelt sich bei den biblischen Erzählungen nicht um die Gestaltung eines absoluten Frauenbildes, sondern um die Beschreibung unterschiedlicher Lebensentwürfe individueller Persönlichkeiten. Die Frauen handeln so, wie ihre jeweilige Lebenssituation es zulässt und wie es ihrer Individualität entspricht. Wenn die Kategorien „männlich" und „weiblich" hierauf nicht anzuwenden sind, dann müssten sie konsequenterweise neu definiert werden. So schwierig dies auch ist, so sehr könnte eine solche Neudefinition den Weg hin zu einer tatsächlichen Gleichberechtigung erleichtern, in der Menschen in erster Linie Menschen und Individuen sein dürfen und ihr Frau- bzw. Mannsein sie nicht auf bestimmte Handlungsmuster beschränkt.

Erwähnenswert bezüglich des alttestamentlichen Frauenbildes ist auch das Hohelied. Hier besingen Mann und Frau im Wechselgesang ihre Beziehung, erzählen von deren Höhen und Tiefen, von Liebe und von Sexualität. Aufgrund seiner Thematik und der Poesie und Offenheit seiner Sprache besitzt das Hohelied zeitlose Aktualität und Schönheit. Es zeichnet das Bild einer absolut gleichberechtigten Partnerschaft, in der Mann und Frau in gleicher Weise aktiv sind, sich gegenseitig bewundern, sich nacheinander sehnen, leiden, glücklich sind, sich lieben. Keine andere Partnerschaft der Bibel ist so detailliert, menschlich und mitreißend geschildert, wie die im Hohelied. Es besingt eine ideale Liebesbeziehung. Sprachlich wie inhaltlich scheint der Text nicht in den biblischen Kanon hineinzupassen. Dementsprechend war seine Aufnahme in den Kanon lange Zeit umstritten. Die letztendliche Entscheidung für die Aufnahme relativiert alle anderslautenden Aussagen bzw. Interpretationen biblischer Texte. Der Ablehnung von

Körperlichkeit und körperlicher Liebe, die besonders aus neutestamentlichen Schriften abgeleitet wird, steht die selbstverständliche Verbindung von Liebe und Sexualität im Hohelied wohltuend gegenüber. Zum ersten Mal und in aller Deutlichkeit wird ein solches Liebesverständnis als etwas Schönes und Wertvolles und nicht als Sünde dargestellt. Die hier beschriebene Idealvorstellung einer Liebesbeziehung entspricht auch den Idealen unserer Zeit.

4.4. Das Frauenbild im Neuen Testament

Im Neuen Testament begegnen wir Frauen zum einen im Umfeld Jesu (in den Evangelien) und zum andern in den Urgemeinden (in den Briefen). Auch hier zeigt sich das Frauenbild ambivalent. Erneut bleiben viele Frauen namenlos und werden nur durch bestimmte Orte, Handlungsweisen oder ihre Zugehörigkeit zu einem Mann definiert. Bezüglich des Todes und der Auferstehung Jesu hingegen – also im Zentrum der christlichen Botschaft – werden Frauen in allen vier Evangelien namentlich genannt. Sie gelten als Zeuginnen für Tod, Beerdigung[92] und Auferstehung Jesu.

Stärker noch als im Alten Testament zeigt sich nun die Diskrepanz zwischen traditionellem israelitisch-jüdischem Frauenbild und der durch Jesus vermittelten Bedeutung der Frau im christlichen Sinne, nach dem Willen Gottes. Besonders in den Briefen wird deutlich, wie sehr die Männer der Urgemeinde zwischen dem traditionellen negativen Frauenbild und dem jesuanischen frauenfreundlichen Erbe hin- und hergerissen sind. So beruft sich auch Paulus in seinem Brief an die Korinther auf die sexistische Interpretation der Genesis-Erzählungen (1 Kor 11,2-16). Jesus verwendet diese (Gen 2,24) hingegen in der Argumentation für eine frauenfreundlichere Scheidungspraxis (Mk 10,2-9). Ebenso verdeutlichen Brüche innerhalb der Briefe, wie sich das Frauenbild bereits in den ersten Jahren der Jesusnachfolge wieder zu einer „Entwertung" der Frau hin verschob. Dennoch können wir auch hier mutigen und starken Frauen begegnen, die ihren Weg gehen. Die Frauen des Neuen Testaments finden diesen in der Nachfolge

---

[92] Mt 27,61; Mk 15,47; Lk 23,55.

Jesu. Christa Mulack geht sogar soweit, auch umgekehrt die Bedeutung der Frauen für die Entwicklung Jesu herauszustellen. Sie vermutet, dass Jesus *„sich in der Begegnung mit Frauen von einem anfänglich patriarchalen Denksystem zu einem matriarchalen Anschauungsmuster hin entwickelt hat"*[93] und stellt fest, dass Jesus *„ausschließlich Männer scharf kritisiert, Frauen hingegen immer in ihrem Sosein bestätigt, unterstützt und gegen männliche Kritik in Schutz"*[94] genommen hat. Das Held*inn*entum dieser Frauen definiert sich vor allem durch ihre Beziehung zu Jesus. Insofern können sie auch uns heute zum Vorbild für gelebte Jesusnachfolge werden und uns daran erinnern, was Christsein bedeutet.

4.4.1. Frauen um Jesus

Jesus lebte als Mann in einer Männergesellschaft. Gleiches gilt für die Schreiber der Evangelien, durch die uns das Leben Jesu überliefert ist. Dennoch findet sich nirgendwo ein frauenfeindliches Wort Jesu – im Gegenteil, er nimmt sie in Schutz und behandelt sie als gleichberechtigte Partnerinnen. Immer wieder weist er auf die Armut der Witwen hin. Die **opfernde Witwe** (Mk 12,41-44; Lk 21,1-4) lobt er für ihre Selbstlosigkeit. Im Gleichnis vom gottlosen Richter und der **Witwe** (Lk 18,1-8) bewundert er deren Hartnäckigkeit, mit der sie sich ihr Recht verschafft und weist gleichzeitig auf die ungerechte Behandlung der Witwen hin. Ebenso kritisiert er die Schriftgelehrten, die *die Witwen um ihre Häuser bringen* (vgl. Mk 12,40; Lk 20,47). In seiner Rede von der Ehescheidung (Mt 5,31f; Mk 10,1-11) nimmt Jesus die Frau gegen das Scheidungsgebot des Mose in Schutz, welches es dem Mann jederzeit ermöglicht, seine Frau aus der Ehe zu „entlassen". Eine Frau in dieser Situation hatte keinerlei finanzielle Absicherung und wenig Chancen auf eine Neuheirat. Sie war also häufig zu Bettelei oder Prostitution gezwungen. Jesus kritisiert dies mit dem Hinweis auf Genesis 2,24, der die Gleichwertigkeit und Zusammengehörigkeit von Mann und Frau betont.

---

[93] *C. Mulack*, 1988, S. 13.

[94] a.a.O., S. 15.

Jesus durchbricht immer wieder die gesellschaftlichen Schranken und übergeht religiöse Gebote, um sein Evangelium von der Gleichwertigkeit der Menschen konsequent zu leben. Er definiert Schuld und Sünde neu, relativiert religiöse Regeln hinsichtlich ihrer ursprünglichen Bedeutung und praktiziert einen Glauben der Liebe, des Verstehens und der Vergebung, nicht aber einen der starren, strafenden und unmenschlichen Regelbefolgung. Hierbei entsteht ein neues Weltbild, mit einem Gott, der sich den Menschen liebevoll zuwendet und sich ihrer annimmt und mit einem Menschenbild, welches den Menschen als grundsätzlich gut, aber fehlbar ansieht, immer wieder Wege der Umkehr und des Neuanfangs weist und keine Unterschiede mehr macht zwischen arm und reich, rein und unrein, sündig und gottesfürchtig. In diesem Menschenbild sind auch Mann und Frau gleichwertig. Sie sind Menschen, auf die alle Aspekte des Lebens in gleicher Weise zutreffen, unterschieden zwar in ihrer Individualität, nicht jedoch aufgrund ihres Geschlechts. Durch dieses neue Frauenbild verändern sich auch die Frauen selbst. Sie durchbrechen Grenzen, finden wieder Mut und Hoffnung und lernen, sich zu befreien und – mit Jesus und in Gott – „ganzer" Mensch zu werden. Die Vielfältigkeit dieser Begegnungen und Beziehungen zwischen Jesus und den Frauen ist beeindruckend. Sie macht deutlich, dass es viele Heilswege gibt und dass niemand hiervon ausgeschlossen ist.

Immer gehen diese Begegnungen allerdings mit Grenzüberschreitungen (im positiven Sinne) einher, schaffen eine grundlegende Änderung im Leben der Betroffenen und erzeugen ein ganz besonderes Vertrauensverhältnis zwischen Jesus und der jeweiligen Frau.

Viele der in den Evangelien geschilderten Begegnungen Jesu mit Frauen sind Heilungsgeschichten. Zwar bezieht sich nur etwa 1/3 der Heilungsgeschichten auf Frauen, dennoch ist dies angesichts des insgesamt geringeren Erscheinens von Frauen in den Evangelien ein relativ großer Anteil. Umgekehrt bilden die Heilungsgeschichten den Hauptanteil der Begegnungen Jesu mit Frauen. Es ist nicht erstaunlich, dass Krankheit für die Frauen im Neuen Testament eine so große Rolle spielt. Eine Gesellschaft, die Frauen systematisch unterdrückt und sie ihres Selbstwertgefühls beraubt, muss diese auch krank machen. Dementsprechend besteht die Heilung zum großen Teil aus der Annahme dieser Frauen, die ihnen zu einem gesunden Selbstwertgefühl verhilft. Die kranken Frauen suchen Jesu Nähe, weil sie sich alleine nicht helfen können. Jesus ist der Heilende (*Heil*and). Dennoch kann auch er nicht alleine heilen. Die Frauen selbst müssen ihm dabei helfen. In allen Heilungsgeschichten des Neuen Testaments wird die Eigenaktivität der Kranken betont. Viele Heilungserzählungen enden mit den Worten Jesu: *„Dein Glaube hat dir geholfen!"* (z.B. die Heilung der blutflüssigen Frau, s.u.) Hierdurch macht Jesus deutlich, dass die Frauen selbst an ihrer Heilung mitgewirkt haben. Nur wenn die Kranke Jesus vertraut, wenn zwischen beiden eine Beziehung entsteht, kann Heilung stattfinden. Aber nicht immer geht die Aktivität von Jesus aus. Häufig sind es die Frauen, die den ersten Schritt wagen und Jesus vertrauensvoll um Hilfe bitten. Die Evangelien berichten von insgesamt sieben Heilungserlebnissen, an denen Frauen beteiligt waren. Nur in zwei dieser Erzählungen wird Jesus von sich aus aktiv. Die **Witwe von Nain** (Lk 7,11-17) rührt ihn durch ihre Trauer um ihren einzigen Sohn, so dass er diesen *seiner Mutter zurück gab* (Vers 15).

Die **verkrümmte Frau** (Lk 13,10-17) geht auf die Aufforderung Jesu hin zu ihm und wird so geheilt (s.u.). Selbst hier sind die Frauen an der Heilung beteiligt, die eine aufgrund ihrer Trauer, die Jesus anrührt und so eine Beziehung zu ihm herstellt, die andere durch ihr Vertrauen (oder ihren Gehorsam), das sie zu Jesus hingehen lässt.

Die **Schwiegermutter des Petrus** (Mt 8,14f; Mk 1,29-31; Lk 4,38f) und die **Tochter des Jairus** (Mt 9,18-26; Mk 5,21-43; Lk 8,40-56) heilt Jesus auf die Fürbitte anderer hin. Auch hier spielt die persönliche Beziehung eine große Rolle. Erst durch die Berührung der Kranken erfolgt die Heilung.

Selbst aktiv schließlich werden die Schwestern **Maria** und **Martha** (Joh 11), auf deren Nachricht (Vers 3), Glauben (Vers 27; 40) und Trauer (Vers 33) hin Jesus ihren Bruder Lazarus wieder ins Leben *ruft*. Maria und Martha werden aber auch außerhalb der Heilungserzählung aktiv. Lukas schildert Martha als eine pragmatische und selbstbewusste Frau, die Jesus zu sich einlädt und ihn bewirtet (Lk 10.38-42), während Maria schweigend seinen

Worten lauscht. Bei Johannes übernimmt Maria dann die Rolle der Frau, die Jesus die Füße salbt (Joh 12,1-8). Beide Erzählungen zeichnen idealtypische Bilder der Schwestern, die aus feministischer Sicht problematisch sind. Maria erscheint hiernach als kontemplativ-zurückhaltende und demütige Frau, während Martha als tatkräftige, umsorgende Hausfrau beschrieben wird. In späteren Auslegungen wurde anhand dieser Erzählungen die Festlegung der Frau auf die traditionellen Rollenstereotype gerechtfertigt.[95] Unproblematisch werden die beiden Evangelien-Texte erst, wenn ihre InterpretInnen bereit sind, die beiden Frauen nicht auf idealtypische Rollenzuweisungen festzulegen, sondern sie sein zu lassen, was sie sind: zwei Frauen, die weit mehr sind, als typisierende Interpretationen ihnen zugestehen und die sich, jede auf ihre Art, an die Botschaft Jesu annähern und diese zu realisieren versuchen.

Durch Eigeninitiative erwirkt auch die **blutflüssige Frau** (Mt 9,20-26; Mk 5,25-34; Lk 8,43-48; s. u.) ihre Heilung erst durch ihre (physische und psychische) Berührung mit Jesus, sowie durch ihren festen Glauben an seine heilende Kraft.

Die **syrophönizische Frau** (Mt 15,21-26; Mk 7,24-30) Muss Jesus sogar erst überzeugen, ehe dieser ihre **Tochter** heilt. Jesus, der die Heilung zunächst verweigert, weil die Frau eine Heidin ist, lässt sich schließlich von ihr belehren. Hier wirkt Jesus wohltuend menschlich. Er ist nicht nur der große Geber, er kann auch etwas annehmen und sich wandeln. Dabei ist es für ihn bedeutungslos, ob die Hilfe von einem Mann oder von einer Frau kommt. Die Begegnungen zwischen Jesus und den Frauen der Evangelien sind häufig von solchem wechselseitigen Handeln und Gewinn geprägt. Gerade die Offenheit und Hilfs-Bedürftigkeit Jesu machen es den Frauen so leicht, ihm zu vertrauen. Sie sind auch ein Teil seiner heilenden Kraft. Indem Jesus sie und ihre Zuwendung annimmt, können sie sich selber annehmen. Hierdurch erfahren die Frauen auch ihre eigene Stärke und Wertigkeit. Heilung ist nicht einseitig möglich. In diesem Sinne findet auch

---

[95] Zu Martha- und Maria-Interpretationen vgl.: *Elisabeth Moltmann-Wendel*, Ein eigener Mensch werden. Frauen um Jesus, Gütersloh 1991[7], S. 23-66.

in der Begegnung mit der syrophönizischen Frau ein gleichwertiger Austausch statt. Die Frau erringt die ersehnte Heilung ihrer Tochter und Jesus gewinnt eine neue Erkenntnis.

Ähnlich deutlich wird dieser Austausch auch in Bezug auf „*Maria, die Magdalenerin* gerufene, von der sieben Dämonen herausgekommen waren und *Johanna, (die) Frau (des) Chuza, eines Verwalters (des) Herodes, und Susanna* und andere viele, welche ihnen dienten aus ihrem Besitz"* (Lk 8,2-3).[96] Auch diese Frauen verbindet ein Heilungserlebnis mit Jesus, was jedoch angesichts ihrer anschließenden tieferen Verbundenheit mit Jesus an Bedeutung verliert. Sie werden ständige Begleiterinnen Jesu und unterstützen ihn und sein Werk. Maria und Johanna werden auch als Zeuginnen der Auferstehung Jesu genannt, Maria außerdem bezüglich seiner Hinrichtung und Grablegung. Sie spielt eine herausragende Rolle unter den JüngerInnen Jesu. Ihr Name bedeutet „geliebt von Jahwe".[97] Dieser Name wird für sie durch die Begegnung mit Jesus erfahrbar. Ihr Leben mit und für ihn ist ihre – ebenso liebende – Antwort darauf. Ihr Name, der uns ohne Bezugnahme auf einen Mann überliefert ist, weist auf ihre Unabhängigkeit und Stärke hin. Für ihre große Bedeutung innerhalb der Gemeinschaft um Jesus spricht die Konsequenz, mit der sie nach allen vier Evangelien als einzige Zeugin von Tod, Grablegung und Auferstehung genannt wird. Das Johannesevangelium beschränkt sich sogar gänzlich auf sie. Die anderen Evangelisten erwähnen zwar auch andere Zeuginnen der Passions- und Auferstehungsgeschichte, setzen aber stets Maria an die Spitze der Aufzählung. Somit erhält sie sogar innerhalb der Frauengruppe eine herausragende Stellung. Luise Schottroff folgert daraus eine Rangord-

---

[96] s. auch Mk 15,40f; Mt 27,55f; Herausstellung von mir. „Dienen" ist hier im Sinne der Nachfolge Jesu zu verstehen, der selbst seine Aufgabe im Dienen (s. Fußwaschung) sah. In diesem Sinne übernahmen die Menschen in der Jesusbewegung die niedrigsten Dienste (z. B. den Tischdienst, der häufig Sklavenarbeit war), um so „*die eschatologische Umkehrung aller Gewaltverhältnisse unter Menschen* [...] *in die Praxis umzusetzen.*" *Luise Schottroff*, Maria Magdalena und die Frauen am Grabe Jesu, in: Ev. Theologie, 42. Jg. 1982, S. 12. Ein einfühlsamer Unterrichtseinheit zu Maria von Magdala ist nachzulesen in: *Kordula Müller-Hesse*, Freundinnen und Freunde Jesu, in: Der evangelische Erzieher, 45. Jg. 1993, H. 4., S. 481-487.

[97] Michael Raske, Mirjam aus Magdala - auf der Suche nach ihrem Bild, in: KatBl, 113. Jg. 1988, S. 911.

nung „*im Sinne einer Autorität, die aus einer Arbeit für die Gemeinde erwächst.*"[98] Maria ist die erste Zeugin der Auferstehung Jesu und an sie geht dessen Sendungsauftrag. Gerade Johannes lässt in seiner Schilderung dieser Begegnung ein hohes Maß an Vertrauen und Vertrautheit erkennen.

Es ist davon auszugehen, dass sie „*die Frau* (war), *die Jesus am nächsten gestanden hat.*"[99]

Weitere Frauen, die Jesus auch im Sterben beistehen sind, **Maria,** die Mutter des Jakobus und des Joses[100], die **Mutter** der Söhne des Zebedäus, **Salome**, Maria, die Mutter Jesu, die **Schwester** der Mutter Jesu und **Maria,** die Frau des Klopas.[101] Diese Frauen verleugnen Jesus nicht. Ungeachtet der damit verbundenen Gefahr lassen sie ihn nicht allein, sondern bleiben so nahe bei ihm, wie es die damaligen Umstände zulassen[102] und spenden ihm somit Trost.

Auch darüber hinaus berichten die Evangelien von Frauen, die Jesus etwas geben. So gibt es zahlreiche Frauen, die - fasziniert von Jesu Lehre und Persönlichkeit - diesem als Jüngerinnen nachfolgen.

Bei Markus (12,41-44) und Lukas (21,1-4) animiert die großherzige Spende der **armen Witwe** Jesus zu einer Mahnung an seine Jünger.

Als besonders beeindruckend ist hier die **salbende Frau** zu nennen, von der alle vier Evangelien – wenn auch in recht unterschiedlichen Versionen - erzählen.[103] Indem sie Jesus salbt, spendet sie ihm Zuwendung und Ent-

---

[98] *L. Schottroff*, S.10.

[99] *E. Moltmann-Wendel*, 1991, S. 71.

[100] laut *L. Schottroff* handelt es sich bei Markus um zwei unterschiedliche Frauen, die Mutter des Jakobus und die Mutter des Joses. *L. Schottroff*, S. 8.

[101] Mt 27,55f; Mk 15,40f; Lk 23,49; Joh 19,25; Maria, die Frau des Klopas, ist möglicherweise identisch mit der Mutter des Jakobus und des Josef/s.

[102] Frauen durften an Hinrichtungen nicht teilnehmen, konnten also nur aus der Ferne zusehen.

[103] Mt 26,6-13; Mk 14,3-9; Lk 7,36-50; Joh 12,1-8.

spannung und – in den Versionen bei Matthäus und Markus durch den Kontext der Passion – auch Trost in seiner Todesangst.

Eine weitere wichtige Rolle spielen Frauen für die Mission. Als erste Missionarin ist hier die **Samariterin** (Joh 4,7-42) zu nennen, mit der Jesus am Jakobsbrunnen spricht. Der hier geschilderte Dialog ist der längste im Neuen Testament. Bemerkenswert ist hier, dass Jesus sich selbst als *Christos* bezeichnet. Ausgerechnet dieser Dialog findet mit einer Frau, zudem noch mit einer Samariterin[104] statt. In Vers 27 wird ausdrücklich von der Verwunderung der Jünger über das Gespräch mit einer Frau berichtet. Hier zeigt sich einmal mehr, wie ungewöhnlich das Handeln Jesu gegenüber Frauen war. Die Frau lässt schließlich ihren Wasserkrug zurück (ähnlich wie die Jünger bei ihrer Berufung ihre Fischernetze) und eilt Jesus voraus, um von ihrer Begegnung mit Jesus Zeugnis abzulegen, so dass *viele Samariter auf ihr Wort hin zum Glauben an Jesus kamen* (Vers 39).

Missionarinnen sind auch die Frauen, denen Jesus nach seinem Tod als erste begegnet.[105] Zwar weichen die Auferstehungserzählungen der Evangelien voneinander ab, immer sind es jedoch Frauen, denen das erste Kapitel der Begegnungen mit dem Auferstandenen gewidmet ist und die als erste die Auferstehung Jesu verkünden. Genannt werden hier Maria von Magdala (alle vier Evangelien), Maria, die Mutter des Jakobus (synoptische Evangelien), Salome (Mk) und Johanna (Lk). Sie haben noch nicht mit Jesus abgeschlossen, machen sich auf, um Jesus zu salben[106], obwohl dies bezüglich eines Gekreuzigten mit großen Risiken verbunden war. Weder das Risiko, denunziert zu werden, noch die Problematik, den großen Stein vom Grab wegzurollen, hindern die Frauen an ihrem Bedürfnis nach einer letzten Liebestat an Jesus. Sie realisieren damit unbewusst das Jesus-Wort

---

[104] Die Samariter lagen in religiösem Streit mit den Juden, weil sie den Berg Garizim (und nicht Jerusalem) als zentrales Heiligtum verehrten und nur die Tora, nicht aber die Nebiim und die Ketubim anerkannten. Zur Vertiefung von Joh 4,7-42 s.: *Andrea Link*, „Was redest Du mit ihr?", Frankfurt a. M. 1992.

[105] Mt 28,1-10; Mk 16,1-11; Lk 24,1-12; Joh 20,1-18.

[106] Unter Salben ist in diesem Zusammenhang das Beträufeln von Kopf oder Füßen des Leichnams zu verstehen, das zur Totenehrung üblich war. Vgl. *L. Schottroff*, S. 15.

von den *Vögeln, die nicht säen und doch ernährt werden*[107]. Diese Botschaft Jesu haben sie im Vertrauen auf ihn bereits verinnerlicht, der Glaube an seine Auferstehungsvorhersage fällt ihnen jedoch schwer. Sie suchen den „*Lebenden bei den Toten*" (Lk 24,5b). So treffen sie auf ein leeres Grab, an dem sie entweder Engeln und/oder Jesus selbst begegnen, die sie an diese Botschaft erinnern und dazu auffordern bzw. animieren[108], die Auferstehung Jesu zu verkünden.

Mit der Realisierung dieses Auftrags vollziehen diese Frauen die „*entscheidende(n) Schritte [...], die zur Wiederherstellung der durch die Hinrichtung Jesu aufgelösten Jesusbewegung in Galiläa führten. Sie waren damit die ersten unter den Jüngern Jesu, die seiner Verheißung der Auferstehung glaubten*".[109] Es ist erstaunlich, welch große Rolle Frauen in den Passions- und Auferstehungserzählungen spielen. Dies fällt umso mehr auf, als Frauen im übrigen Teil der Evangelien fast ausschließlich innerhalb der Heilungs-geschichten auftreten.

Ebenso wie am Ende der Evangelien spielen Frauen auch am Anfang eine wichtige Rolle. Hier treten sie nicht als Zeuginnen, sondern als Prophetin-nen (im weiteren Sinne) auf, die in Jesus den Messias erkennen und preisen. Genannt werden hier **Maria** (Mt 1-2; Lk 1-2; Joh 2,1-12. 19,25-27), die Mutter Jesu, **Elisabeth** (Lk 1,39-56), die Mutter des Johannes, die in Maria die Mutter des Herrn erkennt und preist und somit prophetische Fähigkeiten aufweist und **Hanna** (Lk 2,21-40), die einzige Frau des Neuen Testaments, die als Prophetin bezeichnet wird und die Jesus im Tempel als Messias erkennt.

---

[107] vgl. Mt 6,26; Lk12,24. Das Bildwort bezieht sich hier in erster Linie auf materielle Sorgen, lässt sich aber dahingehend erweitern, dass sich der Mensch nicht um sein leibliches, sondern um sein geistiges/seelisches Wohlergehen sorgen soll. In diesem Sinne vertrauen auch die Frauen auf Gott und besiegen ihre Angst um ihr Leben, um ihrer Liebe zu Jesus Folge zu leisten.

[108] Bei Lukas wird kein expliziter Missionsauftrag gegeben.

[109] *L. Schottroff*, S. 24.

4.4.2. Frauen in der Urgemeinde

Über die nachjesuanische Zeit berichten uns die Apostelgeschichte und die Briefe. Die **Apostelgeschichte**, die vor allem von den Missionsreisen (insbesondere von Petrus und Paulus) erzählt, gibt indirekt auch Aufschlüsse über die Stellung der Frau in den Urgemeinden. Die entsprechenden Aussagen zeugen von dem Konflikt der ersten CristInnen zwischen jüdischen (frauenfeindlichen) Tradition und der (frauenfreundlichen) Intention Jesu. So sind die wichtigen Ereignisse, wie Christi Himmelfahrt, die Geistaussendung zu Pfingsten, die Missions- und Wundertätigkeiten und die Reden nur auf Männer bezogen. Nur in Apostelgeschichte 1,14 wird darauf hingewiesen, dass die **Frauen** und **Maria,** die Mutter Jesu, *stets* im Gebet mit den Aposteln und den Brüdern Jesu vereint waren. Dementsprechend ist es nicht unwahrscheinlich, dass sie auch bei Christi Himmelfahrt und dem Pfingstereignis anwesend waren. Neben den von Männern explizit an Männer gerichteten Ansprachen gibt es immer wieder Hinweise, die für die Dazugehörigkeit von Frauen sprechen. Um deren Bedeutung richtig zu verstehen, muss bedacht werden, dass *„die führenden Frauen der frühchristlichen Missionsbewegung* [...] *nicht* (die) *Ausnahme von der Regel, sondern* [...] *Repräsentantinnen frühchristlicher Frauen* (sind)*, die androzentrische Redaktionen und historisches Schweigen überlebt haben"*.[110]

Von Frauen berichtet die Apostelgeschichte, dass zu ihnen gesprochen wurde (Apg 16,13), sie gläubig wurden (Apg 5,14; 17,4.12; 21,5), als Christinnen verfolgt wurden (Apg 8,3; 22,4) oder Christen verfolgten (Apg 13,50). In der Pfingstpredigt des Petrus sind Frauen als *prophezeiende Töchter* und *geisterfüllte Mägde* (Apg 2,17)[111] sogar explizit in das Pfingstwunder mit eingeschlossen: Der Geist ist auch zu ihnen gesandt und auch sie können prophezeien. Von prophezeienden Frauen spricht auch Apostelgeschichte 21,9. In den Versen 16,16-18 wird berichtet, wie Paulus einer **wahrsagenden Magd**, die ihn mit ihrer Lobpreisung verfolgt, entnervt den *Wahrsagegeist* austreibt.

---

[110] vgl. *Elisabeth Schüssler Fiorenza*, S. 214.

[111] vgl. 2 Kor 6,18.

Einige Frauen werden auch namentlich genannt. **Saphira** (Apg 5,1-11) wird für einen Betrugsversuch gegen die Apostel bestraft. Hierdurch wird sie allerdings auch als dem Kreise um die ersten Christen zugehörig gekennzeichnet.

Von **Tabita** wird berichtet, dass sie durch Petrus vom Tode auferweckt wurde (Apg 9,36-41), nachdem zwei Männer und einige **Witwen** diesen aufgrund Tabitas zahlreicher guter Taten darum gebeten hatten.

Eine recht unproblematische Möglichkeit zur Missionstätigkeit von Frauen bot zur Zeit der ersten Gemeinden die Hauskirche, da die Leitung eines Hauses eher den gesellschaftlichen Normen entsprach als das öffentliche Verkündigen. Die Tischgemeinschaft war neben der Wortverkündung die übliche Missionsweise des Urchristentums.[112] Ein Beispiel hierfür ist vermutlich **Maria**, die Mutter des Johannes Markus, in deren Haus *„viele beieinander waren und beteten"* (Apg 12,12). Sie wird im Zusammenhang mit einem Besuch des Petrus genannt, der sie nach einer kurzen Gefangenschaft aufsucht. Die Benennung des Hauses nach ihr und nicht nach ihrem Sohn, weist sie als Gastgeberin einer Gemeindeversammlung aus. Es ist daher davon auszugehen, dass sie auch die Vorsteherin einer Hauskirche war, in der die Gemeinde zur Tischgemeinschaft zusammenkam, um miteinander Brot zu brechen, zu beten und über die Schrift nachzudenken.

Der gleiche Absatz (Vers 13-14) erzählt von einer anderen Frau, der Magd **Rhode**, die dem totgeglaubten Petrus die Tür öffnet. Im Gegensatz zu den übrigen HausbewohnerInnen, denen sie seine Ankunft verkündet, erkennt sie Gottes Wirken an ihm und zweifelt keinen Augenblick an seiner Gegenwart.

Lydia (Apg 16,14-40) ist eine der wenigen Frauen des Neuen Testaments, die namentlich, unabhängig von der Zugehörigkeit zu einem Mann und mit Wohnort und Berufsbezeichnung genannt wird. Der Name bedeutet allerdings lediglich „die Lydierin", weist also – ebenso wie der wenig angesehene und für Frauen typische Beruf einer Purpurfärberin – auf eine unbedeu-

---

[112] vgl. *E. Schüssler Fiorenza,* S. 213, 225, 253.

tende Herkunftsfamilie hin.[113] Wie Tabita oder Maria aus Magdala ist sie jedoch alleinstehend, was in den frühen Gemeinden relativ häufig vorkam, im Judentum dieser Zeit jedoch – zumindest für angesehene Frauen – nahezu undenkbar war. Lydia wird im Zusammenhang mit den Frauen genannt, die regelmäßig zum Gebet am Fluss zusammenkommen und dort von Paulus aufgesucht werden. Die ausschließliche Nennung von Frauen deutet auf die Zugehörigkeit zu einer autonomen jüdischen Frauengruppe hin, von deren Existenz auch einige nicht-biblische Quellen berichten.[114] Am Fluss nun „*tat* (ihr) *der Herr das Herz auf*" (Vers 14), so dass sie sich von Paulus überzeugen und taufen lässt. Wie die Mutter des Johannes gründet Lydia nun eine Hausgemeinde und „*nötigt*" Paulus und seine Begleiter in ihrem Haus zu wohnen. Die Überlieferung ihrer diesbezüglichen Worte – die für eine Frau höchst unüblich ist – und der Begriff der Nötigung verdeutlichen, wie stark und eindrucksvoll diese Frau die Initiative übernommen und ihr (neues) Christsein realisiert hat. Die Unterbringung des Paulus beweist darüber hinaus ihren Mut, da sie hierdurch in die politischen Konflikte des Paulus hineingezogen werden konnte.[115] Paulus und sein Begleiter Silas werden dann auch tatsächlich verhaftet, nach kurzer Zeit allerdings wieder freigelassen. Hier tritt noch einmal Lydia auf, zu der sich Paulus und Silas nach ihrer Freilassung flüchten, um von ihr „*getröstet*" (Vers 40) zu werden.

Weitere in der Apostelgeschichte namentlich erwähnte Frauen sind **Damaris** (Apg 17,34), die **Schwester des Paulus** (Apg 23,16), **Drusilla** (Apg 24,24), **Berenike** (Apg 25,13.23; 26,30-31), die laut Vers 31 am Freispruch des Paulus beteiligt ist und **Priscilla** (Apg 18,2f.18ff.26). Dieser kommt hier eine besondere Bedeutung zu, wie ihre dreifache Nennung, die relativ detaillierten Angaben über sie und ihre Beziehung zu Paulus verdeutlichen. Wie bei Lydia ist ihr Beruf überliefert: Sie ist Zeltmacherin wie ihr Mann Aquilla und wie Paulus. Die Beschreibung ihrer Beziehung zu Paulus lässt

---

[113] vgl. *L. Schottroff*, Lydia. Eine neue Qualität der Macht, in: *K. Walter*, S.149.

[114] *L. Schottroff* a.a.O., S. 150.

[115] vgl. a.a.O., S. 151.

darauf schließen, dass sie und ihr Mann gut mit Paulus befreundet waren und eine große Rolle für die paulinische Gemeinde spielten. Interessanterweise wird Priscilla in zwei der hier genannten Verse (Vers 18 und 26) noch vor ihrem Mann Aquila genannt, was für die damalige Zeit äußerst ungewöhnlich ist und sich nur mit einer herausragenden Stellung Priscillas erklären lässt.[116] In Vers 26 kann diese Erstnennung ein Hinweis darauf sein, dass die Initiative, Apollos einzuladen und sogar zu unterrichten(!), in erster Linie von ihr ausgeht. Als „Priska" taucht Priscilla auch in den Paulusbriefen auf (s. u.).

Weitere Frauen der Urgemeinden begegnen uns in den sogenannten **Paulusbriefen**. Aufgrund dieser Texte wird Paulus häufig Frauenfeindlichkeit unterstellt. Das „Schweigegebot" (1 Kor 14,33b-36) hat oft genug als Argument für die Beschränkung der Kirchenämter auf Männer herhalten müssen. Ein Großteil der frauenfeindlichen Aussagen in den Paulusbriefen stammt jedoch nicht von diesem, sondern von seinen Schülern und Nachfolgern. Es war damals durchaus üblich, unter dem Namen eines anderen zu schreiben, wenn der Autor sicher war, dessen Gedankengut wiederzugeben.[117] Zu diesen „Deuteropaulinen" gehören die etwa 30 - 40 Jahre nach Paulus' Tod verfassten Pastoralbriefe (1, 2 Tim, Tit) und die Briefe an die Epheser und Kolosser sowie der zweite Brief an die Thessalonicher. Das bereits erwähnte „Schweigegebot" gehört zwar zu einem „echten" Paulusbrief, stammt aber dennoch nicht von Paulus. Sein Inhalt widerspricht dem zuvor Gesagten (1 Kor 11,5), welches eine Beteiligung der Frau in der Gemeinde voraussetzt, und entspricht auch sprachlich nicht dem sonstigen paulinischen Stil. Es ist also davon auszugehen, dass dieser Abschnitt aus der Zeit des inhaltlich ähnlichen Timotheusbriefes stammt. Die aus heutiger Sicht frauenfeindlichen Tendenzen dieser nachpaulinischen Schriften müssen im Kontext der als selbstverständlich geltenden geschlechtsspezifischen Wertvorstellungen ihrer Zeit gelesen werden. Sie spiegeln die damalige Realität wider, legen aber auch immerhin ein Mindestmaß an

---

[116] s. auch unter „Paulusbriefe".

[117] vgl. *M. Raske*, „Warum dürfen Frauen nicht Priester werden?" in: KatBl, 113. Jg. 1988, S. 890.

Rechten für die Frau fest. So soll diese zwar dem Mann untertan, nicht aber seiner Willkür ausgeliefert sein. Er soll sie gut behandeln und lieben (z. B. Kol 3,19; Eph 5,22-33). Auch Unsicherheiten und Streitigkeiten bezüglich der richtigen Auslegung sowie die Angst vor abweichenden Strömungen mögen die Gründe für die Radikalität der die Frauen abwertenden Aussagen sein. Dennoch ist es erschreckend, in welch kurzer Zeit sich erhebliche Verbesserungen bezüglich der Lebensbedingungen von Frauen wieder zurück entwickelten. So wird beispielsweise das Alte Testament, die Evangelien und die „echten" Paulusbriefe durchziehende Tendenz, Witwen zu ehren und zu schützen, im ersten Timotheusbrief stark beschnitten (1 Tim 5,3-16). Die Zeit der ersten Gemeinden hingegen muss – auch wenn sie hinter heutigen Ansprüchen weit zurückbleibt – eine Hoch-Zeit der Frauen-rechte gewesen sein, in der Frauen selbstverständlich den Männern gleich-gestellte Posten übernahmen, frei reden und handeln konnten und selbst über ihr Leben und insbesondere über ihre Sexualität verfügten. Viele Frauen, die dieses neue Leben für sich entdeckten, trugen Männerkleider und lebten allein oder in Gemeinschaft mit anderen Frauen. Der Gedanke der Jungfräulichkeit, der häufig zur moralischen Abwertung von Frauen missbraucht und von diesen als Einschränkung ihrer Persönlichkeit empfun-den wurde/wird, bedeutete für die Frauen damals die Befreiung aus der sexuellen Unmündigkeit, die sie recht- und wehrlos männlicher Willkür auslieferte. Die Urgemeinden boten den Frauen erstmals die Möglichkeit zu einem selbstbestimmten und menschenwürdigen Leben.[118] Dementspre-chend groß war ihr Interesse und Engagement für die Gemeinden. Wer sich die „echten" Paulusbriefe genauer ansieht, wird zahlreiche Hinweise darauf entdecken, welche entscheidende Rolle Frauen in den Gemeinden gespielt haben. Dennoch waren auch die Urgemeinden noch weit von einer wirkli-chen Gleichberechtigung entfernt. Selbst Paulus, der in vieler Hinsicht sehr fortschrittlich dachte und darum bemüht war, jüdische Regeln nicht einfach für das Christentum zu übernehmen, sondern diese kritisch zu überprüfen (z.B. bezüglich der Heidenmission), hatte seine Probleme hinsichtlich der Frauenfrage. Paulus muss hier zugutegehalten werden, dass auch er ein

---

[118] vgl. *Anne Jensen*: Thekla. Vergessene Verkünderin, in: *K. Walter*, S. 178-179.

„Kind seiner Zeit" war und zudem im strengen jüdischen Glauben erzogen wurde. Zwar hat sich der ehemalige Christenverfolger „vom Saulus zum Paulus"[119] gewandelt, doch konnte er sich zeitlebens nicht vollständig von den jüdischen Vorstellungen – zu denen eben auch die Rolle der Frau gehört – lösen. Deutlich wird dieser Zwiespalt zwischen altbekanntem und neuem Glauben besonders in dem – in der Tat für Frauen sehr problematischen – Abschnitt über die Kleiderordnung im ersten Brief an die Korinther (1 Kor 11,2-16), die den Frauen beim Gebet die Verhüllung des Hauptes vorschreibt. Diesem Schreiben ging vermutlich ein Streit innerhalb einer Gemeinde voraus, in der jüdische und hellenistische Christen aufeinander trafen. Die jüdische Sitte, dass Frauen sich zum Gebet das Haupt verhüllten, war den hellenistischen Christinnen unbekannt. Jede Gruppe mag das Anliegen der anderen, es ihr gleichzutun, als unerfüllbare Zumutung empfunden haben. Paulus ist hier zu einer Antwort gezwungen, die er eigentlich nicht zu geben vermag. Sein Wissen über die Haltung Jesu gegenüber Frauen kämpft hier mit seinem immer noch jüdisch geprägten Gefühl. Er versucht somit, dem Gefühl nachgebend, alttestamentliche Begründungen für die Kleiderordnung zu finden. Diese sind jedoch so fragwürdig und so sehr im Widerspruch zur Lehre Jesu, dass Paulus seine umfassenden Ausführungen in Vers 11 selbst widerruft. Da ihn auch das nicht befriedigt, relativiert er schließlich beide Aussagen, indem er die Gemeinde auffordert, selbst zu urteilen und mit der hilflosen Bemerkung, dass ein unverschleiertes Beten für Frauen bei ihnen nicht üblich sei, seinen Brief beendet.[120]

Was bei aller Diskussion über die paulinische Kleiderordnung leicht überlesen wird, ist das in Vers 5 den Frauen eindeutig zugesprochene Recht, (öffentlich) zu beten und zu prophezeien, das ihnen in den „falschen" Paulusbriefen wieder abgesprochen wird. Das Gleiche gilt für die Verse 11

---

[119] Paulus war ein Diasporajude aus Tharsus. Er war jüdisch erzogen, hatte aber das römische Bürgerrecht. Sein hebräischer Name war Saul, die griechische Abwandlung davon Paulos, bzw. (römisch) Paulus. Der angebliche Namenswandel soll lediglich die tiefgreifende Änderung seines Lebens (und Wesens?) verdeutlichen, könnte aber auch als Bild seiner Abkehr vom (streng) jüdischen Glauben gedeutet werden.

[120] vgl. *Sabine Heine*, Frauen der frühen Christenheit, Göttingen 1986, S. 106-110; sowie: *H. Schüngel-Straumann*, Die Frau am Anfang. Eva und die Folgen, S. 37-53.

und 12, die die Gleichwertigkeit von Mann und Frau vor Gott betonen. Eine entsprechende Aussage findet sich im Brief an die Galater (Gal 3,28).[121]

Deutlicher zeigt sich die frauenfreundliche Seite der paulinischen Gemeinde in der „Grußliste" des Römerbriefs (Röm 16). Hierin werden zahlreiche Frauen genannt, die wichtige Aufgaben in den Gemeinden übernommen haben.

Phoebe (Vers 1 und 2) wird – was die deutsche Übersetzung meist verschweigt – mit dem Titel eines Diakons bezeichnet, was auf eine Tätigkeit als Leiterin einer Gemeinde hinweist. Eine solche Tätigkeit schließt Predigen und Lehren mit ein. Eine ähnliche Bedeutung kommt der zweiten Bezeichnung der Phoebe zu, die sich am ehesten mit „Patronin" übersetzen lässt. Dieser Begriff kann sowohl als Hinweis auf ihre leitende Funktion wie auch im Sinne einer Schutzpatronin verstanden werden, da Paulus auf den Beistand hinweist, den sie ihm geleistet hat.[122]

Priska wird als Mitarbeiterin bezeichnet. Dies kennzeichnet sie jedoch nicht als untergeordnete Helferin des Paulus. Vielmehr zeugen die Erzählungen der Apostelgeschichte sowie die Hochachtung, die ihr besonders die Paulusbriefe entgegenbringen von einer eigenständigen und angesehenen Missionstätigkeit. Hiernach hat sie zusammen mit ihrem Mann – also gemäß der damals üblichen Methode der Partnermission – Hausgemeinden in Korinth, Ephesus (2 Tim 4,19; Apg 18,18ff) und Rom (Röm 16, falls sich dieser Brief tatsächlich an die Gemeinde in Rom richtet) gegründet. Mit Paulus arbeitete sie hingegen nur zeitweise zusammen, stand jedoch in regelmäßigen Kontakt zu ihm. Wie in zwei der drei Verse der Apostelgeschichte wird Priska (Vers 3 und 4) auch hier noch vor ihrem Mann Aquilla genannt. Diese Reihenfolge wird auch im Brief an Timotheus (2 Tim 4,19) eingehalten. Lediglich in einem weiteren Paulusbrief (1 Kor 16,19) sowie im dritten Vers der Apostelgeschichte (Apg 18,2f) steht Aquilla an erster Stelle. Im Brief an die Korinther leitet Paulus Grüße des Missionspaares

---

[121] vgl. *Frank Crüsemann, Hartwig Thyen*: Als Mann und Frau geschaffen - Exegetische Studien zur Rolle der Frau, Gehrhausen/Berlin 1978, S. 109- 128.

[122] *E. Schüssler Fiorenza*, S. 218-219; 232-233.

weiter. In einer solchen Grußformel wurden in der Regel nur Männer genannt. Die Nennung Priskas in diesem Zusammenhang ist ungewöhnlich genug. In allen Briefen aber, in denen Paulus selbst die beiden grüßt, wird Priska zuerst genannt, was sie als die Bedeutendere der beiden kennzeichnet.[123] Die Vielzahl der Nennungen Priskas im Neuen Testament ist in jedem Fall ein weiterer Beweis für ihre große Bedeutung für die frühchristliche Missionsbewegung. Wie Phoebe wird Priska für ihre Arbeit in der Gemeinde hoch gelobt, Priska sogar für die Lebensrettung des Paulus.

Für ihre Mühe gelobt werden auch **Maria** (Vers 6), **Tryphaena**, **Tryphosa** (Vers 12) und **Persis** (Vers 12). Für ihre Arbeit in der Missionsbewegung verwendet Paulus das Wort *kopian*, das er auch für seine eigene Verkündigungstätigkeit verwendet.[124] Eine Übersetzung im Sinne einer unterordneten Stellung, wie sie bezüglich der Frauenmission gerne verwendet wird, ist folglich unpassend.

Weitere Frauen, die Paulus explizit anspricht, sind die **Mutter** des Rufus (Vers 13), **Julia** und die **Schwester** des Nereus (Vers 15).

Junia (Vers 7) wird sogar als *hervorragend unter den Aposteln* bezeichnet, was ein weiteres Argument gegen die Priesterschaft der Frau entkräften würde. Umstritten ist dieses Argument jedoch aufgrund der Abwandlung des Namens in die männliche Form Junias. Diese Form ist jedoch nicht belegt, so dass heutige TheologInnen in der Regel von „Junia" als der ursprünglichen Version ausgehen.[125] Dennoch ist weiterhin in den meisten Bibelübersetzungen[126] die männliche Form zu lesen. Hier zeigt sich erneut, wie schwer sich auch heutige (katholische) ChristInnen damit tun, Christusnachfolge – in jeder Hinsicht – auch Frauen zu ermöglichen.

---

[123] vgl. *E. Schüssler Fiorenza*, S. 217; 221; 228-229.

[124] ebd., S. 217.

[125] Als Frauennamen wurde „Junia(s)" auch in den ersten Jahrhunderten von Johannes Chrysostomos, Origenes von Alexandria, Hieronymus, Hatto von Vercelli, Theophylact und Petrus Abelardus gedeutet. Vgl. *Bernadette Brooten*, „Junia...hervorragend unter den Aposteln" (Röm 16,7), in: *E. Moltmann-Wendel* (Hg.), Frauenbefreiung. Biblische und theologische Argumente, München 1986[4], S. 148-151.

Weitere in den Paulusbriefen genannte Frauen sind **Aphia** (Phlm 2), die ebenfalls für die paulinische Gemeinde tätig war und von Paulus als „Schwester" angesprochen wird, sowie **Euodia** und **Syntyche** (Phil 4,2-3), die mit Paulus *„für das Evangelium"* gekämpft haben. Diese beiden Frauen müssen hohes Ansehen genossen haben und recht einflussreich gewesen sein, da Paulus sie bittet, *„eines Sinnes"* zu sein. Dies lässt auf eine Partnerschaft zwischen ihm und den beiden Missionarinnen schließen, die nach römischer Rechtstradition *„so lange in Kraft ist, wie die PartnerInnen [...] derselben Meinung über die zentrale Bedeutung des Zwecks (sind,) dessentwegen die Partnerschaft überhaupt gebildet wurde"*[127] und die Paulus so wichtig war, dass er sie nicht durch eine Meinungsverschiedenheit gefährdet sehen wollte.

Abschließend soll noch auf Vers 2,7 im ersten Brief an die Thessalonicher hingewiesen werden, in dem sich Paulus selbst mit einer Amme vergleicht, die ihre Kinder wärmt.

---

[126] Ausnahme: Münchner Neues Testament.

[127] *J. P. Sampley*, Pauline Partnership in Christ, Philadelphia 1980, S. 62, nach: *E. Schüssler Fiorenza*. S. 218.

5. Biblische Frauengestalten im Religionsunterricht

Im Folgenden werden einige biblische Frauengestalten exemplarisch genauer vorgestellt und für den Unterricht in der Grundschule zugänglich gemacht. Ziel ist es hierbei nicht, eine vollständige Unterrichtseinheit zu erstellen, sondern die entsprechenden Vorüberlegungen zu liefern, die dann individuell an die jeweilige Klassensituation angepasst und zu einer vollständigen Einheit ausgearbeitet werden müssten.

Die Themenreflexion geht hier weit über die im Unterricht zu vermittelnden Inhalte hinaus. In zwei Beispielen (zur „salbenden" und zur „blutflüssigen Frau") ist es sogar fragwürdig, ob dieses Thema überhaupt für die Grundschule geeignet ist. Welchen Sinn kann eine solche Themenreflexion dann haben? Zum einen ist eine umfassende Auseinandersetzung der Lehrkraft mit einem bestimmten Thema erforderlich, um einen zielgerichteten und klar abgegrenzten Unterricht halten zu können. Zum zweiten spielen Vorwissen und Meinung der Lehrkraft für das Verständnis der SchülerInnen auch dann eine große Rolle, wenn diese nicht explizit geäußert werden. Deutlich wird dies am Beispiel Marias von Magdala, wie die Kinderbuchuntersuchung im Anschluss an dieses Kapitel verdeutlichen wird. Für das Bild, das die SchülerInnen von dieser Frau erhalten, macht es einen erheblichen Unterschied, ob die Lehrkraft dabei an die starke und eindrucksvolle Frau denkt, die im JüngerInnenkreis um Jesus eine herausragende Rolle spielt oder aber lediglich an eine der zahlreichen AnhängerInnen Jesu. Dies gilt auch dann, wenn im Unterricht der gleiche Text zugrundegelegt wird, besonders aber im Fall einer mündlichen Erzählung, wie sie zumindest in den unteren Klassenstufen üblich ist. Entsprechendes gilt für das hier vorgestellte Beispiel der salbenden Frau. Das Unbehagen, das viele Frauen bei dieser Geschichte (nach Lukas) empfinden, überträgt sich auch auf die SchülerInnen. Das Bild der demütigen Frau – im negativen Sinne – entsteht jedoch gar nicht erst, wenn es auch im Verständnis der Lehrkraft nicht vorhanden ist. Hierzu ist eine explizite Erklärung – die Grundschul-Kinder überfordern würde – nicht notwendig, wohl aber eine sichere Stellungnahme der Lehrkraft.

Die ausgewählten Themen sollen verdeutlichen, wie biblische Geschichten mädchengerecht für den Unterricht bearbeitet werden können. Zur Orientierung dienen die in Kapitel 3.4. vorgestellten Konsequenzen eines (auch) auf Mädchen ausgerichteten Unterrichts. Die im Folgenden vorgestellten Vorgehensweisen können auch auf andere biblische Erzählungen übertragen werden.

Eine Möglichkeit, Mädchen biblische Identifikationsfiguren anzubieten, kann darin bestehen, eine Geschichte mit einer männlichen Hauptperson aus der Sicht einer Frau erzählen zu lassen. Hierbei sollte jedoch darauf geachtet werden, die Geschichte nicht zu verfälschen, etwa indem einer Nebenfigur plötzlich die Hauptrolle zukommt. **Mirjam**, die Schwester des Mose, beispielsweise hat – wie bereits gezeigt wurde – selbst eine so bedeutende Rolle für die Geschichte des Volkes Israel gespielt, dass sie als Beispiel für diese Möglichkeit dienen darf. Die Mose-Geschichte aus der Sicht Mirjams erzählt, gesteht Mose auch weiterhin die Hauptrolle zu, schafft aber ein weibliches Gegengewicht, da die SchülerInnen so auch deren Gefühle und Gedanken kennenlernen.

Das Beispiel der **Wasti**-Erzählung zeigt auf, wie eine starke Frauenfigur und eine spannende Geschichte in einem erzählerischen Nebenstrang entdeckt und sichtbar gemacht werden kann, ohne die eigentliche Geschichte zu verfälschen.

Die Überlegungen zur **salbenden Frau** sollen im oben genannten Sinne eine Neuinterpretation dieser Erzählung ermöglichen und nur in zweiter Linie konkrete Unterrichtshinweise liefern. Für höhere Jahrgangsstufen kann die Geschichte auch deutlich machen, wie wichtig es zur Interpretation einer Geschichte ist, deren Entstehungskontext zu berücksichtigen.

Ähnliches gilt für die **blutflüssige Frau**. Der Schwerpunkt liegt hier allerdings auf der Thematisierung des alt-jüdischen bzw. jesuanischen Frauenbildes.

Während die Geschichte der blutflüssigen Frau eine gute Möglichkeit zur Themenreflexion für die Lehrkraft bietet, eignet sich die Erzählung von der

gekrümmten Frau, die vergleichbare Inhalte aufweist, auch für die konkrete Anwendung im Unterricht.

Die **Frauen der Urgemeinde** schließlich sollen verdeutlichen, dass auch die Apostelgeschichte und die paulinischen Briefe für die Grundschule thematisiert werden können. Die Frauen, die es in diesen Schriften zu entdecken gibt, ermöglichen eine Intention, die alles andere als frauenfeindlich ist.

5.1. Mirjam: Der Exodus aus der Sicht einer Frau

Die Geschichten des Alten Testaments, besonders die Josephs- und die Mose-Erzählung, eignen sich aufgrund ihrer erzählerischen Form, ihrer Spannung und ihrer Ausführlichkeit in besonderem Maße für die Grundschule. Sicher auch aus diesem Grund werden diese „Erzväter"-Geschichten gerne im Religionsunterricht erzählt und auch noch lange erinnert. Joseph und Moses haben es sogar in die Zeichentrickwelt von „Dream Works Pictures" („Joseph – König der Träume" und „Der Prinz von Ägypten") geschafft und sind hierdurch auch manch kirchenfern erzogenen Kind ein Begriff. Weibliche beeindruckende Identifikationsfiguren sucht man jedoch auch hier vergeblich. Die „Männergeschichten" bleiben solange reine „Männergeschichten", wie sie einen Mann in den Mittelpunkt stellen und ausschließlich dessen Sichtweise wiedergeben. Die gleichen Geschichten verändern sich erheblich, wenn sie den Gesichtspunkt einer Frau einnehmen. Eine entsprechende Erzählweise ist häufig ohne großen Aufwand und ohne inhaltliche Änderungen möglich, wie das folgende Beispiel zeigen soll. Auch in den „Männergeschichten" kommen Frauen vor, und auch sie haben Interessantes zu sagen.

In diesem Sinne lässt sich die Mose-Geschichte aus der Sicht seiner Schwester Mirjam erzählen. Hierbei können neue Aspekte betont werden, die Mädchen die Identifikation mit einer gleichgeschlechtlichen Hauptperson und Jungen das empathische Kennenlernen weiblicher Sichtweisen ermöglichen. Diesbezügliche Ansätze sind allerdings sowohl in Religionsbüchern als auch in religiösen Kinderbüchern die Ausnahme.[128] Am Beispiel der Mirjam soll daher verdeutlicht werden, wie eine solche Abwandlung aussehen könnte. Mein diesbezüglicher Textvorschlag ist nur als Ansatz einer entsprechenden Unterrichtsreihe zu verstehen. Für den Grundschulunterricht müssten – je nach Vorkenntnissen und Klassenstufe der SchülerInnen – einige Passagen vereinfacht, andere verkürzt werden. Besonders für die ersten beiden Jahrgangsstufen empfiehlt sich eine gekürzte und frei erzählte Version. Auch hinsichtlich der Bezeichnung Gottes wäre eine Veränderung wünschenswert. Ich habe jeweils von *Gott*, *Jahwe* oder *IHM* gesprochen, halte jedoch eine geschlechtsneutrale Bezeichnung wie etwa *elohim* für sinnvoller. Voraussetzung hierfür wäre jedoch eine entsprechende Vorbereitung der Klasse auf diesen Begriff. Ebenso kann die Erzählung in gleicher Form um eine detaillierte Beschreibung der Wanderung durch die Wüste erweitert werden oder sich sogar auf diesen Teil der Geschichte beschränken. Der Textvorschlag kann nicht einfach für den Unterricht übernommen werden, sondern stellt lediglich eine Konkretisierung des hier vorgestellten Modifizierungs-Vorschlags da.

Als weitere Vertiefungsmöglichkeit für den Unterricht bietet sich beispielsweise eine Traumreise an, welche die SchülerInnen an der Flucht durch das Meer teilhaben lassen könnte. Die so nachempfindbare Angst und Freude könnte dann mit Hilfe von Tüchern und einfachen Instrumenten in einen realen Tanz umgesetzt werden. Hierfür könnte die Methode des Jeux Dramatique angewandt werden.[129] Mögliches Hilfsmittel ist auch das Mirjam-Lied von Claudia Mitscha-Eibl[130], das zwar inhaltlich sehr anspruchsvoll, aber aufgrund seines einprägsamen Refrains und des kindlichen Gespürs für Rhythmik für den Kontext einer Unterrichtsreihe durchaus geeignet ist. Empfehlenswert ist auch das Misereor-Hungertuch von 1990,

---

[128] Einige positive Beispiele hierfür finden sich in Kapitel 6.

[129] Bei den Jeux Dramatiques handelt es sich um eine besondere Art des Ausdrucksspiels. Vgl.: *Arbeitsgemeinschaft Jeux Dramatiques*, Ausdrucksspiel aus dem Erleben, Bern 1984³ (= Bd 1).

[130] *Claudia Mitscha-Eibl*, Und Mirjam schlug auf die Pauke, Records Vienna, CD.

das biblische Frauen – darunter auch die alttestamentliche Mirjam – thematisiert.[131]

---

[131] Das Misereor-Hungertuch „Biblische Frauengestalten - Wegweiser zum Reich Gottes" sowie das Arbeitsheft zum Hungertuch sind erhältlich bei: Misereor Medienproduktion und Vertrieb, Postfach 1450, 52015 Aachen.

MIRJAM erzählt

Ich bin Mirjam, eine Israelitin, Schwester des Mose und Prophetin Gottes. Aufgewachsen bin ich in Ägypten. Das war damals nicht ungewöhnlich. Fast mein ganzes Volk lebte in Ägypten. Eine große Hungersnot hatte unsere Vorfahren aus der Heimat vertrieben. Die Ägypter hatten genug zu essen und nahmen uns auf. Deshalb sind wir geblieben. Aber die Zeiten änderten sich, und der neue Pharao hasste uns. Mein Volk wurde versklavt. Israeliten waren schlecht angesehen und wurden schlecht behandelt. Wir bekamen die schwersten Arbeiten und nur wenig Lohn, und die Leute auf der Straße verachteten uns. „Ausländerpack" riefen sie oft hinter uns her, „Geht dahin zurück, wo ihr hergekommen seid!". Sie wollten uns nicht mehr. Das machte uns traurig. Wo hätten wir denn hingehen sollen? Ägypten war unsere Heimat geworden. Wir kannten nichts anderes. Also mussten wir den Spott der Leute ertragen.

Ganz schlimm wurde es, als der Pharao heimlich unseren Hebammen befahl, unsere Söhne bei der Geburt sterben zu lassen. Aber unsere Hebammen waren mutige Frauen. Sie verrieten den Auftrag des Pharaos und taten alles, um ihn zu umgehen. So konnten viele Kinder gerettet werden. Schiffra und Pua, zwei der Hebammen kannte ich persönlich. Sie riskierten immer wieder ihr Leben, indem sie sich den Befehlen des Pharaos widersetzten. Ihnen verdankte ich auch das Leben meines Bruders Mose. Sie standen meiner Mutter bei der Geburt bei, warnten sie und halfen ihr, Mose eine Weile unentdeckt überleben zu lassen. Doch damit war sein Leben noch nicht gerettet. Wir hatten ständig Angst um ihn. Als er älter wurde, wurde es zu gefährlich, ihn bei uns zu behalten. Wir hätten unser Leben damit gefährdet und das unserer Familie und der beiden Hebammen. Aber wir konnten ihn doch nicht töten! Meine Mutter vertraute ihn mir an. Da stand ich nun und hatte die Verantwortung für das Leben meines Bruders in meiner Hand. An mir lag es, ob er gerettet wurde oder sterben musste. Ich hatte furchtbare Angst. Ich überlegte lange hin und her, und schließlich bastelte ich ein Weidenkörbchen, strich es mit Pech aus, so dass es wasserfest war, bettete Mose hinein, verabschiedete mich von ihm und setzte das Körbchen in den Nil. Nichts ist mir je wieder so schwer gefallen, wie dieser Abschied. Immerhin hatte er eine Chance, und ich vertraute auf Gott, auf Jahwe, der uns immer geholfen hatte. Das half mir. Aber ganz allein ließ ich Mose natürlich trotzdem nicht. Ich versteckte mich am Ufer des Nils und beobachtete gespannt das Körbchen mit meinem Bruder. Wer würde es finden? Würde Jahwe mir tatsächlich beistehen? Er tat es. Eine Frau näherte sich dem Ufer, und ich erkannte in ihr die Tochter des Pharaos. Man sagte von ihr, dass sie anders sei als ihr Vater, dass sie ein gutes Herz habe und mutig genug war, sich seinen Anordnungen zu widersetzen. Ob sie ein Herz für meinen Bruder hatte? Würde sie ihn retten? Das war auch für die Tochter des Pharaos eine gefährliche Tat. Ich beobachtete ängstlich und hoffnungsvoll zugleich, wie sie das Körbchen entdeckte. Was würde sie tun? Sie nahm einen Stock, beugte sich vor und fischte nach dem Körbchen. Schließlich schaffte sie es und zog es an Land. Im gleichen Moment begann Mose zu schreien. Die Tochter des Pharaos starrte in den Korb. Sie erkannte wohl, dass es sich um ein Hebräerkind handelte, dass eigentlich tot sein sollte. Aber sie lächelte und sprach beruhigend auf ihn ein. Ich atmete erleichtert auf. Sie hatte Mitleid mit ihm, das war offensichtlich. Allerdings schien sie nicht so recht zu wissen, was sie mit einem so kleinen Kind tun sollte Er war ja noch nicht einmal abgestillt. Das war meine Chance. Ich überlegte nicht lange und kam aus meinem Versteck hervor. Ich tat so, als ob ich Mose nicht kennen würde und bot der Tochter des Pharaos meine Hilfe an. „Soll ich dir eine hebräische Frau suchen, die das Kind für dich stillen kann?" Sie zögerte einen Moment. Fragte sie sich, wo ich herkam? Durchschaute sie meinen Plan? Wieder ein banges Warten. Ich weiß bis heute nicht, ob die Ägypterin meinen Plan tatsächlich nicht durchschaute, oder ob sie nur Mitleid mit uns hatte und deshalb mitspielte. Jedenfalls ging sie schließlich auf meinen Vorschlag ein und gab mir Mose wieder mit. Ich war überglücklich. Natürlich brachte ich ihn zu meiner Mutter, und sie weinte und lachte gleichzeitig vor lauter Freude. Aber mich ließ die Unruhe nie mehr los und ich umsorgte Mose und passte auf ihn auf, solange ich bei ihm war. Doch nach einer Weile musste ich mich erneut von ihm trennen. Als Mose so alt war, dass er seine Mutter nicht mehr unbedingt brauchte, mussten wir ihn schweren Herzens zur Tochter des Pharaos bringen, denn sie hatte ihn als ihr Kind angenommen. Wieder war ich es, die ihn einer ungewissen Zukunft entgegenbrachte. Doch so schwer mir der Abschied fiel, so wusste ich diesmal doch, dass er leben würde, und das tröstete mich.

Lange Zeit hörte ich nichts mehr von Mose, so sehr ich mich auch um Informationen über ihn bemühte. Doch als ich endlich, nach vielen Jahren, etwas von ihm erfuhr, wünschte ich mir das Schweigen um ihn zurück. Zum dritten Mal war sein Leben gefährdet und diesmal hatte er es selbst verschuldet. Er war erwachsen geworden, lebte am Hof des Pharaos, genoss alle Vorzüge und kämpfte doch innerlich mit der Ungerechtigkeit, die den Hebräern widerfuhr. Mose wusste um seine Herkunft. Er fühlte sich als Ägypter, aber ebenso als Hebräer, und so konnte er es nicht ertragen, wenn die Ägypter gegen die Hebräer vorgingen. Als ein Ägypter einen Hebräer schlug, wurde er so wütend, dass er auf ihn einschlug. Mose war stark. Er schlug zu feste zu. Der Ägypter war tot. Einen Moment lang überkam auch mich die Wut. Allerdings war ich wütend auf Mose, weil er das Leben, das ich und die anderen Frauen so mühsam für ihn erkämpft hatten, so leichtfertig aufs Spiel setzte. Aber ich konnte ihn auch verstehen. Schließlich war er mein kleiner Bruder, für dessen Leben ich mich noch immer verantwortlich fühlte. So war bald meine Sorge um ihn wieder stärker als alle anderen Gefühle. Wie erleichtert war ich zu hören, dass er geflohen war. Nachdem einige Zeit vergangen war, erzählte man, dass er in Midian sei und dort eine Frau namens Zippora geheiratet habe. Aber Genaueres war nicht zu erfahren, und nie war ich sicher, ob die Nachrichten über ihn auch wirklich zutrafen. Meine Sorge um ihn dauerte an.

Eines Tages war er wieder da. Unser Leben in Ägypten war mittlerweile unerträglich geworden. Wir beteten täglich zu Jahwe, uns einen Weg aus dieser Unterdrückung zu zeigen. Jetzt wollten wir fort und durften es nicht, da die Ägypter sich an unsere billige Arbeitskraft gewöhnt hatten. Es schien keinen Ausweg zu geben. Da kam Mose zurück und mit ihm die Befreiung. Ich erkannte ihn sofort und ich sah auch, dass er sich verändert hatte. Der jähzornige, wütende junge Mann, der er damals gewesen sein musste, war ruhig und besonnen geworden. Er hatte eine Stärke in sich, wie ich sie von meiner Mutter kannte und auch selbst manchmal deutlich fühlen konnte: Es war Gottes Stärke, die in jedem Menschen ist, die jeder fühlen kann, der bereit dazu ist. Als Mose sprach, zeigte sich, dass ich recht hatte. Er kam als Gesandter Gottes. Jahwe hatte unser Flehen erhört und ihn zu uns gesandt, damit er uns mit seiner Hilfe aus Ägypten herausholen würde. Mose bat Aaron, unseren Bruder und mich, ihm zu helfen. Aaron, der Levit, sollte mit ihm zum Pharao gehen, um mit ihm über unsere Freilassung zu verhandeln. Ich sollte die hebräischen Familien besuchen, um ihnen von Jahwes Versprechen zu erzählen und sie auf die Flucht vorzubereiten. Uns war klar, dass es schwierig werden würde. Wir mussten genau planen, sehr vorsichtig vorgehen und jederzeit bereit für den richtigen Augenblick sein. Die Verhandlungen dauerten mehrere Tage. Jahwe musste mächtige Zeichen tun, um den Pharao dazu zu bringen, auf Moses und Aarons Fürbitte einzugehen. Erst als der Pharao um das Leben seines Volkes fürchten musste, beschloss er, uns ziehen zu lassen. Ich hatte meinen Teil der Abmachung ebenfalls erfüllt. Wir waren bereit. Wir hielten ein schnelles Abschiedsmahl, wie Jahwe es uns aufgetragen hatte und zogen los. Mose, Aaron und ich führten den Zug an. Mose ließ sich von Jahwe leiten und er ging zielsicher, als kenne er den Weg. Das Volk vertraute uns und Jahwe stand uns bei. Wir konnten seine Nähe so deutlich spüren, dass viele meinten, ihn auch zu sehen. Eine Wolkensäule schien vor uns her zu ziehen und sie schien SEIN Zeichen zu sein. Das gab uns Mut, den Schritt ins Ungewisse zu wagen und darauf zu vertrauen, dass es ein Schritt in die Freiheit war.

Doch noch einmal geriet diese Freiheit in Gefahr. Plötzlich war lautes Hufgetrappel hinter uns zu hören. Ich ahnte Böses und sah zurück. Die Angst des Pharaos hatte nicht lange gehalten. Er hatte seine Krieger hinter uns her geschickt und diese näherten sich uns schnell und bedrohlich. Vor uns war das Meer. Es schien keinen Ausweg zu geben. Wir waren zu Fuß und waffenlos, sie beritten und bewaffnet. Wir saßen in der Falle. Ich konnte es nicht glauben. Mose lebte, wie durch ein Wunder. Er schien unter Jahwes ganz besonderem Schutz zu stehen, und die Flucht hatte mir gezeigt, warum. Wir waren auf dem Weg in die Freiheit. Jahwe hatte es ermöglicht, er würde uns jetzt, so kurz vor dem Ziel, nicht sterben lassen. Ich glaubte fest an seine Kraft und betete laut. Viele der Menschen hinter uns fielen ein. Das Gebet schien allen Kraft zu geben und verhinderte ein Ausbrechen der Panik. Es schweißte uns zusammen und schien uns zu beschützen, wie eine undurchdringliche Mauer. Da streckte Mose seine Hand über das Meer aus und fiel in das Gebet mit ein. Und Jahwe half uns erneut. Ein starker Ostwind kam auf, so stark, wie ich ihn nie zuvor erlebt hatte. Er blies mit solcher Kraft in das Meer, das dieses nicht standhalten konnte. Das Wasser bewegte sich und teilte sich in zwei riesige Wellen. Eine Gasse wurde sichtbar. Das Wasser, das zurückblieb, war flach genug, um hindurch waten zu können. Wie gebannt standen wir da und starrten auf die Wasserwände vor uns. Mose, Aaron und ich sahen uns an. Dann gingen wir voran und die anderen folgten uns. Mose hielt seinen Arm ausgestreckt und ich betete fortwährend zu Gott. Der Wind hielt an und wir alle erreichten das andere Ufer. Mose ließ seinen Arm sinken. Wir sahen zurück. Die Ägypter hatten nun ebenfalls das Meer erreicht und schickten sich an, uns zu folgen. Doch Jahwe war mit uns. Der Wind wurde schwächer und schwächer und verschwand schließlich ganz. Das Wasser floss in seine alten Bahnen zurück. Den Ägyptern war der Weg versperrt. Wer es dennoch versuchte, ertrank. Die anderen mussten unverrichteter Dinge zurückkehren. Wir waren frei.

Wir waren frei! Es dauerte einen Moment, bis wir das verstanden. Ich spürte, wie ein ungeheurer Jubel in mir entstand. Jubel über unsere Befreiung und über die Größe Jahwes. Ich verstand, dass wir uns nie wieder würden Sorgen machen müssen, weil ER bei uns war und uns beschützte. Ich erhob meine Stimme zu einem Dankgebet, so laut, dass es auch ganz hinten noch zu hören war. Meine Worte verwandelten sich in ein Lied. Eine Frau in meiner Nähe reichte mir ihre Pauke und ich schlug sie und tanzte dazu. Soviel Freude war da, die heraus musste, sichtbar werden musste, für alle und für Gott. Viele der hebräischen Frauen und Männer fielen ein. Wir tanzten uns aus den Jahren der Knechtschaft heraus, aus all dem Leid und all der Angst, und wir tanzten zur Ehre Gottes, der uns gerettet hatte.

Als wir den Tanz beendet hatten, waren wir wirklich frei. Wir wussten, dass ein langer, mühseliger Weg vor uns lag, aber wir wussten auch, dass wir ihn gehen und unser Ziel erreichen würden. Ich bin Mirjam, eine Prophetin Gottes und das ist meine Geschichte.

5.2. Wasti: Eine Geschichte vom Neinsagen

Wasti begegnet uns innerhalb der Ester-Erzählung. Sie spielt hier nur eine Nebenrolle und erscheint in nur wenigen Sätzen. Ihre Geschichte ist jedoch in mancher Hinsicht faszinierender und eindrucksvoller als die der Ester. Es wäre schade, die Bedeutung ihrer so nebensächlich erzählten Handlungsweise nicht zu thematisieren. Keine andere biblische Erzählung ist so deutlich und eindrucksvoll eine Geschichte der Selbstbestimmung und des Neinsagens. Eine solche Intention sollte im Hinblick auf einen an Mädchen orientierten Religionsunterricht, insbesondere bezüglich der unten geschilderten Problematik, unbedingt thematisiert werden. Der soziale Inhalt eines solchen Themas kann für die SchülerInnen auch zu einem christlichen werden, indem der Bezug zu einer biblischen Erzählung hergestellt wird. So könnte am Ende einer entsprechenden Unterrichtseinheit ein Hinweis darauf stehen, dass auch die Bibel eine Geschichte vom Neinsagen kennt. Inwieweit diese Information dann mit der tatsächlichen Wasti-Episode konkretisiert wird, ist erneut der konkreten Unterrichtssituation anzupassen. Der Lehrkraft sollten Inhalt und Bedeutung dieser Erzählung allerdings in jedem Fall vertraut sein.

Inwiefern ist die Wasti-Episode nun eine Geschichte vom Neinsagen? Wasti, die Frau des Xerxes, soll von diesem bei einem Trinkgelage dessen Freunden zur Schau gestellt werden. Sie verweigert sich ihm (und der damit verbundenen Demütigung) und sagt „Nein". Dies erforderte zurzeit Xerxes großen Mut, da ihre Verweigerung einen unglaublichen Affront gegen die Macht des Königs (und des Mannes) darstellte und der König das Recht hatte, sie dafür zu töten. Wasti geht dieses Risiko jedoch ein – nicht, weil ihr Leben ohnehin bedroht ist (wie im Falle Esters), sondern weil sie es nicht mehr ertragen kann, unfrei und der Willkür ihres Mannes unterworfen zu sein. Sie ist sich ihres Rechts auf Menschenwürde und Selbstbestimmung so bewusst, dass es für sie nur diesen einen Weg gibt. Sie geht ihn mutig und alle Konsequenzen in Kauf nehmend und wird somit zur „Heldin". Die Reaktion Xerxes, seine *Weisen* zusammenzurufen und auf deren Rat hin Wasti zu verstoßen und Sendboten auszuschicken, die überall im Land die Vorherrschaft des Mannes über die Frau verkünden sollen, erscheint grotesk, ist aber auch ein Zeichen der Stärke Wastis, sowie aller Frauen im

Reich des Xerxes. So groß ist die Angst des Xerxes vor dieser Stärke, dass er einen „Frauenaufstand" und große Unruhen im Land befürchtet, falls sich die Tat seiner Frau – ein einmaliges „Nein"(!) herumspräche.

Die „Strafe" Wastis für ihre Verweigerung ist in Wahrheit ihre Befreiung. Ebenso kann ihre Geschichte heute für uns befreiend wirken. Die Geschichte der Wasti eignet sich für die Grundschule, weil sie eindrucksvoll und spannend, fast märchenhaft erzählt ist und eindeutig das „Nein" Wastis zum Mittelpunkt hat.

Warum aber sollte das Neinsagen unbedingt im Religionsunterricht thematisiert werden? Das Neinsagen ist eines der entscheidenden geschlechtsspezifischen Probleme. Viele Mädchen sind sich nicht bewusst, dass sie ein Recht auf Selbstbestimmung haben, dass sie „Nein" sagen dürfen. Das Neinsagen ist somit auch eine der wichtigsten Präventivmaßnahmen in Bezug auf sexuellen Missbrauch.

Das Thema sexueller Missbrauch, das in letzter Zeit mehr oder weniger sinnvoll die Medien beschäftigt, ist für viele mit großer Angst besetzt. LehrerInnen wird hier eine Verantwortung aufgeladen, der sie kaum gerecht werden können. Missbrauch wird meist so gut getarnt und so sehr totgeschwiegen, dass ein Nachweis nur sehr schwer, manchmal auch gar nicht möglich ist. Hinweise auf sexuellen Missbrauch gibt es zahlreiche, aber auch die sind nicht zwingend. Eine ungerechtfertigte Beschuldigung kann innerhalb einer Familie fast ebenso großen Schaden anrichten, wie der Missbrauch selbst. Selbst wenn Missbrauch eindeutig nachgewiesen werden kann, kann ein Vorgehen dagegen das betroffene Kind nicht nur schützen, sondern es – bei einem sehr gewalttätigen Täter etwa – zusätzlich bedrohen. Andererseits ist die Häufigkeit sexuellen Missbrauchs so groß, dass eine Auseinandersetzung mit diesem Thema für die Lehrkraft unumgänglich ist. Es ist davon auszugehen, dass jede Lehrkraft mehrmals mit betroffenen Kindern konfrontiert wird. Laut Annegret Böhmer[132] wird in Deutschland jedes vierte Mädchen und jeder siebte Junge sexuell missbraucht. Die

---

[132] *Annegret Böhmer*, Prävention von sexuellem Missbrauch im Religionsunterricht, in: Der evangelische Erzieher, 45. Jg. 1993, H. 4, S.437.

Wahrscheinlichkeit, betroffene Kinder in jeder Klasse anzutreffen, ist also sehr groß.

Verantwortlich für die Schwierigkeiten im Umgang mit sexuellem Missbrauch sind unsere Gesetzeslage sowie ein großes Maß an Unsicherheit und Unwissenheit innerhalb der Gesellschaft. Das gilt leider auch für PädagogInnen und LehrerInnen, für die keine entsprechenden Bildungsmaßnahmen getroffen werden. Dennoch bleibt die Verantwortung für die Lehrkraft bestehen. Ein Unterricht, der sich die Neudefinierung geschlechtsspezifischer Rollenvorstellungen zum Ziel gesetzt hat, kann nur dann erfolgreich sein, wenn er es aufgibt, auch das negativste Ergebnis der bestehenden Rollenvorstellungen zu ignorieren.

Dass sexueller Missbrauch vor allem die Konsequenz frauenfeindlicher Gesellschaftspraxis ist, wird in der Auseinandersetzung mit den Tätern deutlich. In den wenigsten Fällen leiden diese – wie allgemein angenommen wird – an sexuellen Störungen. Vielmehr geht es ihnen in der Regel um die Ausübung und Demonstration ihrer Macht. Viele Täter haben absolut kein Schuldbewusstsein, sondern sehen den Missbrauch als ihr Recht an. Dies ist zum großen Teil auf ein diskriminierendes und entmündigendes Kinder- und Frauenbild zurückzuführen. Ebenso haben die – in der Regel weiblichen – Opfer, sowie weibliche Mitwisser (z.B. die Mutter) aufgrund ihrer anerzogenen Stillhalte- und Leidensrolle große Schwierigkeiten, sich aus den bestehenden Strukturen zu lösen und Hilfe zu suchen. Dies gilt umso mehr, als es – ebenfalls aufgrund patriarchaler Gesellschaftsstrukturen – tatsächlich schwierig ist, adäquate Hilfe zu finden[133].

Die Schule ist eine familienexterne, im regelmäßigen Kontakt mit Kind und Eltern stehende Instanz, die Abhilfe ermöglicht. Für die Grundschule gilt dies im besonderen Maße, da sexueller Missbrauch häufig bereits im frühen Kindesalter beginnt. Hier sind auch die Chancen am größten, sexuellen Missbrauch aufzudecken und für Abhilfe zu sorgen, da die Geheimhaltemechanismen der Opfer in diesem Alter noch weit weniger ausgeprägt sind.

---

[133]vgl. hierzu: *Ursula Enders.* (Hg), Zart war ich, bitter war's, Köln 1995.

Ebenso ist der früheste Zeitpunkt auch der beste, wenn es um Präventions-maßnahmen geht. Diese sind besonders wichtig und sinnvoll, da sich „*in den Schulklassen* [...] *sowohl potentielle Opfer als auch potentielle Täter*" befinden.[134]

Im Religionsunterricht erhält dieses Thema noch einmal besondere Rele-vanz. Zum einen ist hier zu fragen, inwieweit christliche/kirchliche Struktu-ren sexuellen Missbrauch unbewusst fördern. Es gilt, sich bewusst zu machen, dass die Bibel auch „*ein Zeugnis patriarchaler Kulturgeschichte ist*".[135] So enthält besonders das Alte Testament einige wenig sanktionierte Missbrauchs- und Vergewaltigungssequenzen (z.B. Tamar). Bedeutungsvol-ler noch ist das allgemeine Frauenbild der Bibel, welches Frauen selten mit eigenen Namen, sondern vor allem über ihre Zugehörigkeit zu einem Vater, Sohn oder Ehemann definiert (gilt auch für das NT) und sie darüber hinaus häufig als Objekte zeigt, über die diese in jeder Hinsicht – auch in sexueller – bestimmen können.[136] Dies korrespondiert mit dem kirchlicherseits vermittelten diskriminierenden Frauenbild. A. Böhmer kritisiert in diesem Zusammenhang, dass „*das Machtverhältnis zwischen den Geschlechtern* [...] *damit gerechtfertigt* (wird), *dass ihm ein vermeintlicher göttlicher Wille zugrunde gelegt wird.*"[137] Bezüglich der katholischen Kirche ist die vertre-tene Sexualmoral zu hinterfragen, die als Einschränkung der sexuellen Selbstbestimmung der Frau verstanden werden kann. Gleiches gilt für die „*kirchliche und gesellschaftliche Idealisierung der Familie*",[138] die immer noch zu dem Motto führt, *dass nicht sein kann, was nicht sein darf*, und so mögliche Hilfsmaßnahmen enorm erschwert.

Eine ausführlichere Bearbeitung der Frage nach dem Zusammenhang von Religion und Missbrauch würde den Rahmen dieser Arbeit sprengen.

---

[134] *A. Böhmer*, S. 441.

[135] *A. Böhmer*, S. 444.

[136] Beispiele hierfür sind Sara und der Pharao, David und Batseba, Rahel und Lea, etc..

[137] *A. Böhmer,* S. 444.

[138] ebd. S.445.

88

Angesichts der Missbrauchsproblematik sehe ich jedoch – für ReligionslehrerInnen – eine persönliche Auseinandersetzung mit diesem Thema als unbedingt notwendig an. Die Lehrkraft sollte sich bewusst machen, inwiefern Religion hinsichtlich der beschriebenen Thematik für die SchülerInnen problematisch sein kann. Religionsunterricht kann hier wiederum die Situation verschlechtern oder aber erleichtern.

A. Böhmer bemerkt hierzu: *„Religion kann die seelischen Nöte der Kinder enorm vergrößern, indem Schuld, Scham und Sünde in größerem Maße erlitten werden. Religion kann aber auch eine Entlastungsfunktion ausüben. So ist durchaus die Stabilisierung der kindlichen Psyche durch einen Glauben an Gott denkbar, in dem Sinne von, jedenfalls einer, der mich sieht'.*"[139] Ebenso kann sich die Lehrkraft ein Grundwissen hinsichtlich der weitaus unproblematischeren Präventionsmöglichkeiten mit relativ geringem Aufwand aneignen. Entsprechende Hinweise sowie konkrete Unterrichtsvorschläge sind bei Organisationen wie *Zartbitter*, *Donna Vita* oder *Wildwasser*[140] erhältlich. Es gibt hier zahlreiche Themenbereiche und Materialien, die inhaltlich durchaus in den Rahmen des Religionsunterrichts passen, auch für nicht missbrauchte Kinder sinnvoll und wichtig sind und nur wenig Vorwissen bei der Lehrkraft voraussetzen. Allem voran steht hier die Auseinandersetzung mit den Geschlechterrollen und die Vermittlung eines gesunden Frauen (und Männer-)bildes. Ziel muss hierbei der Ausgleich von unzureichendem männlichen Empathievermögen sowie unzureichendem weiblichen Selbstbewusstsein sein. Desweiteren sind hier Themenbereiche zu nennen wie die Wahrnehmung und Verbalisierung der eigenen Gefühle, die Entwicklung eines Identitätsbewusstseins und eines Körpergefühls, der Realisierung des körperlichen Selbstbestimmungsrechts, das Erkennen und Durchsetzen der eigenen Grenzen, der Umgang mit Angst, Schuld und Vertrauen, die Möglichkeit des Hilfe-Holens und die Unterscheidung von „guten" und „schlechten" Geheimnissen.[141] Im Religi-

---

[139] *A. Böhmer*, S.444.

[140] vgl. ebd., S. 438; Zartbitter, s. o.; Donna Vita, Marion Mebes, Postfach 610117. Willibald-Alexis-Str. 1, 10965 Berlin; Wildwasser.

[141] vgl. *A. Böhmer*, S. 438 -441.

onsunterricht können diese Themenbereiche beispielsweise durch Gesprächsgruppen, Vertrauens- und Rollenspiele realisiert oder/und anhand biblischer Geschichten thematisiert werden. Letzteres gilt besonders für die Themen Angst, Schuld, Vertrauen und die Wahrnehmung der eigenen Gefühle, die sich in (fast) allen biblischen Geschichten auffinden lassen.

Ein Beispiel hierfür ist die Wasti-Episode. Sie kann im Unterricht so erzählt werden, dass das Neinsagen Wastis im Vordergrund steht und die Geschichte der jeweiligen Klassensituation optimal angepasst ist. Ebenso lässt sie sich sehr leicht auf eine vergleichbare heutige Situation aus dem Lebensalltag der SchülerInnen übertragen. Eine solche aktuelle Parallele könnte die Erpressung eines jüngeren Kindes durch ein älteres sein, diesem Süßigkeiten oder Geld mitzubringen. Denkbar wäre auch die Bedrohung eines jüngeren Kindes durch ältere Geschwister. (Diese Möglichkeit ist als Beispiel für eine mögliche „zeitgemäße" Umschreibung der Wasti-Geschichte im Anschluss an dieses Kapitel zu finden.) Je nach thematischem Vorwissen kann auch eine Beschränkung auf die aktuelle Situation sinnvoller sein. Hierbei würde dann allerdings der anfangs beschriebene Bezug zur Bibel/zum Christentum verloren gehen. Sowohl die Wasti-Geschichte, als auch deren Übertragung können sehr leicht durch eine theaterähnliches Spiel (z.B. Bibliodrama oder Jeux Dramatique) vertieft werden. „Knotenpunkte" der Geschichte wären dann das Erleben des Eingesperrtseins und der Bedrohung, die damit verbundene Angst, der Mut, der nötig ist, um diese Angst zu überwinden, das „Nein" (als Zentrum der Handlung) und die anschließende Befreiung. Eine weitere Vertiefungsmöglichkeit wären Spiele, die besonders das Neinsagen betonen, vertiefen und einüben oder sich entsprechend abwandeln lassen.[142]

Zu beachten ist jedoch, dass eine solche Unterrichtseinheit zwar gute Präventionsarbeit leistet, für betroffene Kinder aber unter Umständen auch zum zusätzlichen Problem werden kann. Eine zu starke Betonung der

---

[142] Für ältere Kinder / Jugendliche gibt es eine Übung, bei der ein Spieler versucht, einen andern mit ausschließlich verbalen Mitteln von seinem Platz zu vertreiben, den dieser durch bloßes Neinsagen verteidigen soll. Ein solches Spiel müsste für die jeweilige Altersklasse und Klassensituation abgewandelt und speziell angepasst werden.

Gefahrlosigkeit und Einfachheit des Neinsagens könnte auch ein Gefühl des Versagens und der Mitschuld auslösen. Es müsste daher verbal und explizit verdeutlicht werden, dass es tatsächlich Situationen gibt, in denen Neinsagen unmöglich ist. Jegliche Schuldzuweisungen sollten in jedem Fall vermieden werden. Dies gilt auch, wenn das Wasti-Thema losgelöst von jeglichen Präventionsabsichten behandelt wird. Erleichternd wirken könnte hier etwa eine Erweiterung der Geschichte (besonders der übertragenen Version) hinsichtlich der Suche nach einem anderen Ausweg, nämlich dem Hilfe-Holen. Hierbei könnte gemeinsam mit den SchülerInnen überlegt werden, wer helfen könnte und wie dies zu praktizieren wäre. Eine entsprechende Überlegung könnte auch hinsichtlich der Angst- und Einengungsgefühle der SchülerInnen stattfinden. Vor allem sollte die Lehrkraft selbst eine klare Meinung und möglichst viele Hintergrundinformationen haben, da Kinder meist über ein sehr feines Gespür für unausgesprochene, mitgedachte Aspekte verfügen. Im Zweifelsfall sollte ganz auf das Thema verzichtet werden. Festzuhalten ist, dass die Hilfestellung bei der Entwicklung eines gesunden Identitätsbewusstseins im Sinne einer Selbstwahrnehmung und -werdung, wie es der Religionsunterricht laut der Würzburger Synode (s.o.) ohnehin vorsieht, auch die beste Prävention von sexuellem (und sonstigem) Missbrauch ist.

WASTI - Eine andere Geschichte

„Kommst du raus, spielen?" fragte Karin ihre Freundin Anina gerade. „Nee, ich kann nicht!" antwortet diese gedehnt. „Wieso denn nicht?" Karin ließ sich nicht so leicht abwimmeln. „Geht halt nicht." Anina wurde unwirsch. Sie schloss das Fenster und ließ Karin einfach stehen. Sie konnte ihr einfach nicht sagen, warum sie keine Zeit hatte. Sie seufzte. Die Hausaufgaben hatte sie wirklich fertig. Aber es gab noch so viel anderes zu tun. Sie musste noch abwaschen und Müll rausbringen, einkaufen und – was sie am meisten hasste – Schuhe putzen. Seit Mutter wieder arbeitete, mussten die Kinder eben mithelfen. Eigentlich sollte Anina nur spülen. Alles andere war Stefans Aufgabe. Stefan war Aninas Bruder. Er war schon 15 und zwei Köpfe größer als Anina. Anfangs war das o. k. gewesen, aber dann war Stefan auf die Idee gekommen, Anina seine Aufgaben machen zu lassen. Wenn sie es nicht tat, würde er sie verprügeln. Das hatte er gesagt, und Anina war sich sicher, dass er es auch tun würde. Sicher würde er sie auch dann verprügeln, wenn sie es den Eltern sagen würde. Es gab keinen Ausweg. Seufzend ging Anina zur Küche. Auf dem Weg dorthin hörte sie lautes Lachen. Die Tür zu Stefans Zimmer stand einen Spalt weit offen. Stefan hatte Besuch. Seine Freunde und er konnten tun, was sie wollten. Sie hatten viel Spaß. Und sie? „Anina! Komm mal her!" rief Stefan plötzlich und seine Stimme klang drohend. Neugierig und ängstlich ging Anina zu seinem Zimmer. An der Tür blieb sie stehen und sah zaghaft in Stephans Zimmer. Sie konnte Stefans Stimme hören. „Klar macht sie das!" sagte er gerade. „Die macht alles, was ich sage, wirst schon sehen. Wenn ich sage, sie soll deine Schuhe auch putzen, macht sie das." Dann wurde er plötzlich lauter. „Anina!!!" schrie er, „Wo bleibst du denn?" Anina erstarrte. D a s also wollte er. Sie sollte nicht nur seine Arbeit machen, sondern sich auch noch von seinen Freunden auslachen lassen. All die Wut und Demütigung der letzten Zeit stiegen in ihr hoch. Vor Zorn kamen ihr die Tränen. „Nein!" sagte sie tonlos. Niemand hörte es, aber das war egal. „Nein! Nein! Nein!" Sie drehte sich um, lief aus der Wohnung und rannte Karin hinterher. Nie wieder würde sie Stefans Arbeit machen, egal, was er mit ihr machen würde. Sollte er sie doch verprügeln!

Als Anina wieder nach Hause kam, waren die Eltern wieder da. Sie waren wütend, weil nichts erledigt war und schimpften mit Stefan. Anina duckte sich und ging leise in ihr Zimmer. Stefan war stinkwütend. Er stürmte hinter ihr her. Sie hatte schreckliche Angst, aber sie sah ihn trotzig an. „Ich tu das nicht mehr! Nie wieder! Verhau mich doch!" sagte sie mutig, ehe er etwas sagen konnte. Stefan war so erstaunt, dass er fast seine Wut vergaß. Er sah sich kurz im Zimmer um, fegte dann wortlos all ihre Sachen vom Tisch und ging aus dem Zimmer. Anina sprang zum Tisch. Stefan hatte ein Saftglas umgestoßen und ihre Hausaufgaben waren jetzt völlig unleserlich. Sie würde alles nochmal machen müssen. Anina hob ihre Sachen auf, setzte sich hin und fing nochmal von vorne an. Und während sie schrie, spürte sie, wie ihr Zorn verschwand und sie fröhlich wurde. Es war vorbei. Sie hatte es überstanden. Und sie wusste, dass Stefan sie nie mehr erpressen würde.

5.3. Die salbende Frau: Von Demut zu (De-)Mut

Ein Aspekt, an dem sich viele Fehlinterpretationen bezüglich der (christlichen) Wertvorstellung der Frau festmachen lassen und gegen den sich Frauen heute zunehmend wehren, ist sicherlich der Begriff der Demut. Im Lexikon ist er mit *„Dien-Gesinnung"* übersetzt und definiert *„nach der christl. Lehre"* als *„das auf wahrer Selbsterkenntnis beruhende Bewußtsein der eigenen Nichtigkeit vor Gott, das in der Bereitschaft zum Dienen gegenüber Gott und allen Menschen wirksam wird"*. Es *„schließt Selbstruhm (Stolz), aber auch jede Servilität, nicht aber die dankbare Anerkennung gottgeschenkter Würde aus."*[143] Obwohl diese Definition die Demut deutlich von dem Verlust der Würde abgrenzt, bleibt sie mit Begriffen wie „Dienen" und „Ausschluss von Stolz" für unser heutiges Empfinden problematisch. Dies liegt nicht zuletzt an dem jahrhundertelangen Missbrauch des Demut-Begriffes, insbesondere gegenüber Frauen. Mit dem Aufruf zur Demut wird in diesem Sinne jedes Aufbegehren gegen die bestehende Benachteiligung der Frau unterdrückt. Gleichzeitig dient er zur Rechtfertigung eben dieser Benachteiligung. Frauen verstehen ihre Christsein häufig immer noch als Auftrag zum („Nur-")Dienen und Leiden. In diesem Sinne wird auch das Christentum insgesamt oft als „Religion des Leidens" interpretiert. Ich halte ein Verständnis als „Religion der Liebe"[144] allerdings für angemessener. Die Liebe, nicht das Leid steht im Mittelpunkt der *Frohen* Botschaft Jesu Christi. Ebenso darf De*mut* – gerade im christlichen Kontext – nicht als Demütigung oder Selbsterniedrigung verstanden werden. Vielmehr handelt es sich hierbei um den freiwilligen und *mutigen* Verzicht auf die Demonstration des eigenen Stolzes und um Anerkennung und Liebe dem anderen (im christlichen Kontext: Gott) gegenüber. Dies ist jedoch nur im sicheren Wissen um die Wertschätzung und das Geliebtwerden der eigenen Person durch diesen anderen möglich.

Darauf zu vertrauen, sich ganz auf einen anderen einzulassen, erfordert Liebe und Mut. De-*Mut* – wie sie im christlichen Kontext verstanden

---

[143] Bertelsmann Universallexikon, Bd. 4, S.192.

[144] vgl. *F. J. Nocke,* Liebe, Tod und Auferstehung. München 1986²].

werden sollte – ist der Mut, die Abwehr aufzugeben, die eigene Schwäche zuzulassen und einzugestehen und sich ganz auf den anderen einzulassen.

Besonders anschaulich wird ein solches Demut-Verständnis in der Geschichte der Sünderin, die Jesus die Füße salbt (Lk 7,36 - 50), beschrieben. Diese Geschichte beschreibt die Verhaltensweise einer Frau, die aus unserer heutigen emanzipierten und an (äußerer) Stärke orientierten Sicht eine kaum erträgliche Selbsterniedrigung darstellt. Eine Frau geht zu Jesus, kniet vor ihm nieder, weint, trocknet seine Füße mit ihren Haaren – die allgemein als Symbol für Selbstbewusstsein und Stärke verstanden werden –, küsst sie und salbt sie mit Salböl (Vers 37/38). Es ist eine Geschichte der Demut, die uns – dem gängigen Demutsverständnis entsprechend – unangenehm berührt. Der Eindruck der Erniedrigung der Frau wird noch verstärkt, wenn wir im nachfolgenden Vers durch den Pharisäer erfahren, dass selbst diese extreme Geste der Demut aus jüdisch-patriarchaler Sicht als Zumutung gegenüber Jesus empfunden wird. Als Sünderin gilt die Frau als unrein. Eine bloße Berührung von ihr könnte auch den Berührten unrein machen. Hinzu kommt, dass ihr als Frau der Zutritt zu einer Männergesellschaft (Jesus befindet sich gerade bei einem Gastmahl im Haus eines Pharisäers) ohnehin versagt ist. Jesus handelt also bereits revolutionär, indem er die Geste der Frau zulässt. Diese Handlungsweise wird im Folgenden noch gesteigert, da er die Frau für ihre Geste lobt. Mit diesem Lob kritisiert er gleichzeitig seinen Gastgeber, der ihn nicht mit den üblichen Gesten der Gastfreundschaft (Wasser zum Füßewaschen, Begrüßungskuss und Salböl zum Salben des Hauptes) begrüßt hat. Der Affront ist vollständig, als Jesus der Frau schließlich sogar ihre Sünden vergibt.

Die Geschichte von der salbenden Frau ist ein anschauliches Beispiel für das frauenfreundliche (feministische?) Verhältnis Jesu zu Frauen im Allgemeinen. Es ist aber noch weit mehr als das. Jesus hat sich nicht einfach der Frau erbarmt. Sie ist diejenige, die zu ihm gegangen ist. Sie hat ihm zuerst gegeben: ihre Liebe und Zuwendung. Die Frau ist die Aktive, die gesellschaftliche Tabus durchbricht, um ihrem Herzen zu folgen. Das ist keine Erniedrigung, sondern beispielloser Mut -De-*Mut*.

Ihr Verhalten erfordert Mut in dreifacher Hinsicht. Zunächst bedeutet es aus damaliger Sicht ein Durchbrechen der bestehenden Gesellschaftsregeln: die „Unberührbare" berührt – und das im doppelten Sinne. Sie berührt die Füße Jesu, und diese Geste wiederum berührt sein Herz. Er reagiert auf sie, beantwortet ihre Liebe mit seiner. Jesus verteidigt die Frau und verzeiht ihr, macht sie wieder „rein". Ihr Glaube (Mut, Liebe) hat ihr geholfen (vgl. Vers 50). Zum Zweiten kann das extreme Bild, die Füße Jesu mit den eigenen Tränen zu „waschen" und mit den Haaren abzutrocknen nicht nur als ein Bild der Demut (wie auch immer verstanden) interpretiert werden, sondern auch als Zeichen dafür, dass sie – als Sünderin – (fast) nichts zu geben hat. Sie schämt sich ihrer „leeren Hände" nicht, sondern gibt das wenige, das sie hat: ihre Tränen und ihre Haare.[145] Damit offenbart sie ihre ganze Hilfsbedürftigkeit. Sie hat den Mut, ihre Schwäche zu zeigen und sich Jesus anzuvertrauen. Jesus erwidert dieses Vertrauen. Er nimmt die liebevolle Geste der Frau an – nicht als „großer Gönner", sondern in ehrlicher Dankbarkeit. Das Vertrauen der Frau ist der dritte Aspekt ihres Mutes, und hier ist er am größten. Die Geste der Frau ist eine stille Bitte um Liebe. Sie weiß um ihre Fehler und ihre Schwäche. Sie fordert weder Vergebung noch Liebe als ihr Recht ein, sie hofft darauf. Ihre Geste ist ein Ausdruck dieser Hoffnung, ein Eingeständnis ihrer Schuld wie ihrer Hilfsbedürftigkeit, ein Erkennen Jesu Kraft und göttlichen Vollmacht, vor allem aber ein Ausdruck ihrer Liebe. Es kostet sehr viel Mut, sich selbst vor einem anderen so schutzlos zu machen. Dies geht nur in dem sicheren Bewusstsein, dass dieser andere die Schutzlosigkeit tragen kann. Auf einen anderen so sehr zu hoffen, ihm so zu vertrauen, ist aber nur möglich, wenn man diesen anderen liebt und von ihm geliebt wird.

In diesem Sinne ist die Geste der Frau eines der schönsten Bilder der Liebe zu Jesu bzw. Gott im Neuen Testament. Jesu Reaktion auf diese Liebe ist eine Bestätigung der Liebe Gottes. Die Demut der Frau ist der Mut, ins Ungewisse hinein der inneren (göttlichen?) Stimme zu vertrauen, den eigenen Weg zu gehen, zur „Heldin" zu werden und Gottes Liebe zu leben.

---

[145] Symbolisch gedeutet könnten die Tränen ihrem Leid, die Haare ihrer Kraft und Würde entsprechen.

Für den Religionsunterricht, besonders in der Primarstufe, ist die Thematisierung dieser Geschichte sicherlich sehr problematisch. Das Bild der knienden, dienenden Frau ist so stark und erinnert so sehr an die traditionellen Frauenbilder, die es ja gerade zu vermeiden gilt, dass mir eine Annäherung an dieses Thema anders als auf rationale, interpretierende Weise nur schwer vorstellbar ist. Ohne eine Interpretation im hier beschriebenen Sinne, besteht aber die Gefahr, das traditionelle (negative) Frauenbild bei den SchülerInnen zu verstärken. Vielleicht könnte aber auch hier eine Auseinandersetzung der Lehrkraft mit der gegebenen Interpretation ausreichend sein, um das Verständnis der SchülerInnen in die gewünschte Richtung zu lenken. Bei einer sehr verständigen, mit der Problematik des Frauenbildes bereits vertrauten vierten Jahrgangsstufe ist eventuell auch eine deutlichere Thematisierung möglich. Eine Hilfe wäre es dann sicherlich, die Geschichte in der Ich-Form aus der Sicht der Frau zu erzählen. Eine Möglichkeit hierfür wäre eine vereinfachte Version meines an dieses Kapitel anschließenden Erzählvorschlags. Ich halte eine entsprechende Vereinfachung wie auch insgesamt eine Thematisierung der Erzählung mit der beschriebenen Intention in der Grundschule jedoch für sehr schwierig. Meine diesbezüglichen Überlegungen sind auch hier eher als Themenreflexion für die Lehrkraft bzw. als Unterrichtsvorschlag für die Sekundarstufe zu verstehen. Ich möchte eine Umsetzung in der Grundschule jedoch nicht ausschließen.

Kann die Erzählung nach Lukas nicht mit der beschriebenen Intention vermittelt werden, sollte die Lehrkraft meiner Meinung nach darauf verzichten, um negative Auswirkungen zu vermeiden. Unproblematischer, jedoch mit einer ebenfalls frauenfreundliche Intention – wenn auch in anderer Hinsicht – zeigen sich die Parallelstellen bei Markus (Mk 14,3-9) und Matthäus (Mt 26,6-13). Die Frau wird hier nicht als Sünderin bezeichnet. Zudem salbt sie Jesus nicht die Füße sondern den Kopf. Hierdurch wird das Bild der Demut bzw. Demütigung vermieden. Die Handlungsweise der Frau wird sogar noch ungeheuerlicher als in der Lukasversion, da sie an die (nur Männern zukommende) Königs- oder Totensalbung erinnert. Besonders die Assoziation mit der Totensalbung drängt sich auf, da die Salbungsgeschichte hier der Passion Jesu vorangestellt ist.[146] Jesus selbst weist darauf hin, dass die Frau ihn *für sein Begräbnis* (Mk 14,8; Mt 26,12) salbt. Bereits im Vorfeld der Passionsgeschichte ist es also eine Frau, der die besondere Aufgabe zukommt, Jesus Trost und Beistand zu spenden.

Im Unterricht könnte diese Version der salbenden Frau dann im Kontext der Passionsgeschichte erzählt werden, wobei der Schwerpunkt der Erzählung dann auf der besonderen Rolle der Frauen bei Tod und Auferstehung Jesu läge. Eine weitere Möglichkeit bietet das Thema „Freundschaft". Hier könnte die Frau als eine Freundin Jesu vorgestellt werden, die ihm etwas Gutes tut. Im Mittelpunkt der Erzählung stünde dann die Liebestat der Frau. In diesem Zusammenhang könnte dann auch eine aktuelle Geschichte erzählt werden, in der heutige Personen einander etwas Gutes tun. Auch hier könnte eine Erzählweise in der Ich-Form hilfreich sein. Interessant wäre aber auch ein Nachspielen der (aktuellen oder biblischen) Geschichte, bei der beide Personen zu Wort kommen könnten.

---

[146] vgl. *Ulrike Suhr*, Die salbende Frau. Mut der Zärtlichkeit, in: *K. Walter*, S. 139-147.

Die salbende Frau erzählt

In meinem Land zählen Frauen wenig. Männer sind mehr wert. So war es immer. So hat es mich meine Familie gelehrt. Meine Brüder durften alles, ich durfte nichts. Ich musste immer nur kochen, putzen, bedienen – Frauenarbeit eben. Am wichtigsten war es zu gehorchen. Was man mir sagte, das tat ich. Doch ich habe immer gewusst, dass daran etwas nicht stimmt, dass das ungerecht war. Ich spürte ganz tief in mir, dass dieser Gott, von dem die Männer sprachen und über den ich als Mädchen nur so wenig lernen durfte, dass dieser Gott etwas anderes wollte, dass ich für ihn ebenso wichtig war wie ein Mann. Doch wenn ich das sagte, schwiegen alle erschrocken. Meine Mutter führte mich meist aus dem Zimmer, ehe die Männer es hören konnten. Sie dachte, ich sei krank. Als ich älter wurde, wehrte ich mich immer häufiger gegen die Demütigungen. Ich wollte nicht mehr am Rande stehen, nicht mehr bedienen und vor allem nicht mehr schweigen. Aber immer wieder überkamen mich Zweifel. War ich wirklich so schlecht, wie alle sagten, wenn ich widersprach? War das, was ich wollte, wirklich gegen Gottes Willen? War ich denn wirklich weniger wert als ein Mann? Schließlich musste ich mein Elternhaus verlassen. Meine Familie konnten meinen Widerspruch nicht mehr ertragen und ich konnte ihre Wünsche nicht mehr erfüllen, denn Gehorsam bedeutete für mich Erniedrigung. Also ging ich fort. Für eine unverheiratete Frau bedeutete das ein großes Risiko. Die Leute auf der Straße verurteilten mich und stießen mich aus. Sie sagten, ich sei schlecht. Manchmal glaubte ich selbst daran. Doch dann begegnete ich Jesus. Er kam in meine Heimatstadt und predigte. Er erzählte von diesem Gott, der mich immer so berührt hatte und von dem ich hoffte, dass er auch mich, die ausgestoßene Frau, sah und liebte. Was Jesus von Gott erzählte, bestärkte mich in meiner Hoffnung. Wie er es sagte, ließ mich fühlen, dass er ein Recht hatte, so von Gott zu sprechen. Seine Worte berührten mich tief und gaben mir das erste Mal in meinem Leben das Gefühl, dazuzugehören und etwas wert zu sein. Ich suchte ihn Tag für Tag in der ganzen Stadt, um keine seiner Predigten zu verpassen. Immer, wenn ich ihn hörte, ging es mir gut. So sehr veränderte er mein Leben, dass ich ihm unbedingt danken wollte. Ich überlegte, wie ich ihm eine Freude machen und ihm zeigen konnte, wie wichtig er für mich war. Einmal hatte er mich direkt angesehen. Ich sah Augen, die alles zu wissen schienen, und ich erkannte eine tiefe Liebe in ihnen. Ich sah aber auch, dass er müde und erschöpft war, und ich spürte, dass etwas Schreckliches ihn bedrohte und er sich tief im Innern davor fürchtete. Da fasste ich einen waghalsigen Plan. Ich nahm das wenige Geld, das ich hatte, kaufte ein duftendes Salböl und folgte ihm den ganzen Tag lang. Am Abend ging er in ein Haus, um dort zu essen. Als Ausgestoßene durfte ich ihm nicht folgen. Doch ich dachte an seine Reden und an die vielen Frauen in seinem Gefolge. Er war anders, er würde mich nicht verstoßen, dessen war ich mir sicher. Und die anderen? Ich hatte Angst. Aber dann dachte ich an seine müden Augen und an seine Angst und an all das Glück, was ich ihm verdankte. Also ging ich hinein. Die Leute waren so überrascht, dass mich niemand hinderte. Ich fand Jesus sofort. Er saß da und lächelte mich aufmunternd an. Da ging ich zu ihm hin. Ich spürte seine Liebe und ich wusste, dass seine Nähe, seine Berührung auch meine restlichen Zweifel, mein restliches Leid von mir nehmen würde. Ich wusste, dass ich ihm vertrauen konnte und dass ich vor ihm wertvoll war. Ich fiel vor ihm nieder. Dies war der erste Kniefall meines Lebens, den ich nicht bereute. Ihm wollte ich gerne Ehre erweisen, denn er schätzte mich so wie ich war. Ich nahm mein Öl und salbte ihn. Ich kannte die Wirkung dieses Öls. Es erfrischte und gab einem ein angenehmes Gefühl. Jesus sah mich dankbar an. Schon sah er weniger müde aus. Unsere Blicke trafen sich und ich sah, wie auch seine Angst ein wenig von ihm wich. Nicht das Öl, sondern meine stumme Ahnung seines Schicksals war es, die ihm einen Moment das Gefühl der Sicherheit schenkte. So konnte ich ihm ein Teil der Stärke zurückgeben, die ich ihm verdankte. Doch schon schimpften die Hausbesitzer über mich. Sie sagten Jesus, dass ich eine Ausgestoßene sei, unwürdig, in seiner Nähe zu sein. Doch er verteidigte mich. Vor all diesen Männern lobte er meinen Mut und meinen Glauben. Dann sah er wieder auf mich und sagte: „Frau, deine Sünden sind dir vergeben." Da wusste ich, dass Gott mich liebte und ich begann zum ersten Mal, mich selbst zu mögen. Ich war so glücklich, wie nie zuvor in meinem Leben. Noch einmal sah ich ihn dankbar an und erkannte, dass auch er mir dankbar war. Ich fühlte etwas von dieser großen Liebe in mir, die in Jesus war und ich wusste, dass ich sie nun auch in mir hatte.

5.4. Die gekrümmte und die blutflüssige Frau: Jesus heilt, was patriarchale Strukturen Frauen antun

Zwei der beeindruckendsten Heilungsgeschichten sind die von der blutflüssigen und die von der gekrümmten Frau. Beide Krankheitsbilder zeigen überdeutlich, was patriarchale Strukturen Frauen antun können.

Die erste Geschichte erzählt von einer Frau, die 18 Jahre an Blutfluss leidet, an einer Frauenkrankheit also, die niemand heilen kann. Die **blutflüssige Frau** geht von Arzt zu Arzt, wendet ihr ganzes Vermögen auf, doch statt der erhofften Heilung verschlechtert sich ihr Zustand. Erst mit Jesus kommt die Heilung.

Wenn Krankheiten allgemein ein Spiegel der Seele sind, so gilt das umso mehr für Geschlechtskrankheiten. Die Geschlechtsorgane sind hochempfindsame „Antennen", die unübersehbar anzeigen, wenn etwas nicht in Ordnung ist. Besonders Frauen erfahren dies, durch Menstruation oder Schwangerschaft. Es erscheint naheliegend, die Ursache solcher Krankheiten mit dem Ort ihrer Manifestation in Zusammenhang zu setzen. Dort, wo Geschlechtskrankheiten auftreten, ist anzunehmen, dass der Umgang mit dem eigenen Geschlecht krankmachend ist. Dies kann sowohl auf den eigenen Umgang wie auch auf äußere Einflüsse zurückzuführen sein. In einer Gesellschaft, in der patriarchale Strukturen so verfestigt sind, dass Frauen zur untersten Gesellschaftsschicht zählen und Menstruation und Schwangerschaft als Krankheit (im Sinne von Unreinheit) interpretiert werden, ist es verständlich, dass Frausein krankmacht. Ein androzentrisch geprägtes Rollenbild lässt keinen Raum für selbstbewusste Weiblichkeit. Sie stellt die Frau als solche und damit das Grundlegende und Innerste jeder Frau – ihre Weiblichkeit – in Frage und spricht ihr das Recht auf Wertigkeit – und damit letztlich auf Menschlichkeit – ab.[147] Eine Gesellschaft, die Menstruation als unrein definiert, bewertet letztlich auch die Weiblichkeit – deren deutlichster Ausdruck die Menstruation ist – als etwas, das unrein macht. Das dauerhafte Leiden unter Blutfluss erscheint hier als logische

---

[147] Noch 1910 wurde ernsthaft darüber diskutiert wurde, ob die Frau ein Mensch sei. Die Antwort lautete „Nein". Vgl. *H. Schüngel-Straumann*, 1989, S. 11.

Konsequenz dieses gesellschaftlichen Frauenbildes. Es ist die sichtbare Umsetzung dessen, was Frauen in einer solchen Gesellschaft erleben. Die Krankheit stößt sie nun vollständig aus der Gesellschaft aus. Sie ist unrein. Dies gilt erst recht in einer Zeit, in der Krankheit ganz allgemein als Strafe Gottes angesehen wurde. So verstanden ist das Leiden der Frau vor allem ein Leiden unter der patriarchalen Gesellschaft, die ihr nicht erlaubt, sich als Frau menschlich zu fühlen. Es ist ein Aufschrei gegen die gesellschaftliche Abtötung der Weiblichkeit. Die Frau geht von Arzt zu Arzt auf der Suche nach Hilfe. Aber auch die Ärzte sind Männer, die in ihrer Männerwelt ebenso gefangen sind, wie die Frauen. Sie können die Krankheit nicht verstehen und sie können sie nicht heilen, denn sie können (oder wollen) ihr Weltbild nicht ändern. So erfährt die Frau weiterhin statt Annahme Ablehnung und damit eine Verschlechterung ihres Gesundheitszustandes.

Dies ändert sich erst durch das Eingreifen Jesus. Er ist der Mann, der sie trotz seiner Männlichkeit als Frau annehmen und wertschätzen kann. Er sieht das Leid, nicht die Schuld hinter der Krankheit, und will es nicht einfach hinnehmen. Indem er die Kranke als Mensch wahrnimmt und als Frau annimmt, schafft er die Voraussetzungen ihrer Krankheit ab. Diese Annahme heilt die Frau. Aber auch hier ist sie es, die den ersten Schritt macht. Sie erkennt das Besondere Jesu und berührt ihn, den sie als „Unreine" nicht berühren darf, voll Vertrauen darauf, dass nicht sie ihn „unrein", sondern er sie „rein" machen wird. Wie in den meisten Heilungsgeschichten ermöglicht auch hier erst die Berührung die Heilung. Voraussetzung für diese Berührung ist aber das Wissen der Frau um ihren eigenen Wert und um das Unrecht, das ihr widerfährt sowie das Vertrauen darauf, dass sie damit gut aufgehoben ist bei Gott, dass er ihr – durch Jesus – hilft.

So beispielhaft und ermutigend diese Erzählung auch ist, so ist sie doch auch zu komplex und zu sehr verbunden mit geschlechtlichen Erfahrungen, die Grundschulkinder häufig noch nicht einmal theoretisch haben, um sie im hier beschriebenen Sinne für den Unterricht zu thematisieren.

Auch hier gelten die genannten Überlegungen in erster Linie für eine Themenreflexion der Lehrkraft oder für eine Unterrichtseinheit in der Sekundarstufe. Für die Primarstufe ist die Erzählung von der blutflüssigen

Frau in der Regel lediglich in abstrahierter Form – als einfache Heilungsgeschichte einer kranken Frau – einzusetzen.

Die Evangelien erzählen jedoch noch eine weitere Heilungsgeschichte, die
das Frauenbild Jesu verdeutlicht und die wesentlich verständlicher für
GrundschülerInnen ist. Die **gekrümmte Frau** kann ebenfalls als ein Bild
für das Leid der Frau angesehen werden, das durch patriarchale Gesellschaftsstrukturen entstanden ist und nun *auf ihrem Rücken* lastet. So schwer
ist diese Last, dass die Frau nur noch gekrümmt gehen kann. Die ständige
Demütigung hat ihr ihren Stolz, ihr Selbstwertgefühl genommen und ihr
Rückgrat – den Halt ihres Körpers und im übertragenen Sinne ihrer Persönlichkeit – gekrümmt. Jesus durchbricht auch hier das Leid, indem er die
Gesellschaftsregeln übergeht und die Frau als Frau wertschätzt. Diesmal
geht er von sich aus auf die Kranke zu. Sie kann nicht mehr aktiv werden.
Vielleicht hat sie sich mit der bestehenden Ordnung längst abgefunden und
resigniert. Aber auf Jesu Wort hin fasst auch sie wieder Vertrauen und lässt
sich auf ihn ein, wie er sich auf sie eingelassen hat. Jesus richtet die Frau
auf – im doppelten Sinne des Wortes. Sie kann wieder gerade stehen und
damit auch zu sich selbst und – wenn es sein Muss – gegen die Welt.

Das Gefühl der Wertigkeit und Stärke bzw. deren Verstümmelung ist so
untrennbar mit der entsprechenden Körperhaltung verbunden, dass es durch
Nachahmung leicht nachempfunden werden kann. Eine entsprechende
Übung ist auch mit SchülerInnen der Primarstufe leicht durchzuführen.
Hierbei kann der Eindruck des Gekrümmt(Unterdrückt-)seins bzw. Aufrich-
tens und Geradestehens vermittelt werden, ohne die Frauenthematik in aller
Deutlichkeit verbal explizieren zu müssen. Im Kontext dieser Übung kann
erarbeitet werden, welche Gefühle mit dem Gekrümmtsein und Aufrichten
jeweils verbunden sind und in welchen Situationen die SchülerInnen diese
Gefühle bereits selbst erlebt haben.

Wann fühlen sie sich niedergedrückt? Wer oder was hat ihnen geholfen, sich wieder gut zu
fühlen? Haben sie Ähnliches schon mal bei anderen Menschen beobachtet? Haben sie
selbst jemandem geholfen, sich wieder gut zu fühlen?

Auf diesem Hintergrund ist es für die SchülerInnen einfacher nachzuvoll-
ziehen, wodurch Jesus der Frau geholfen hat, sich wieder gut und stark zu

fühlen. Hierbei ist es den jeweiligen Gegebenheiten und Bedürfnissen anzupassen, inwieweit diese Heilungserzählung auf die Frauenrolle bezogen oder aber allgemein behandelt wird. Bereits die Tatsache, dass es sich bei dieser Heilungsgeschichte um die Heilung einer Frau handelt, gibt der Erzählung eine frauenfreundliche Prägung. Es wäre schön, wenn darüber hinaus deutlich werden könnte, dass Jesus ein besonderes Verhältnis zu Frauen hat, das ihn von seiner Umwelt unterscheidet und nach dem er Frauen und Männer als gleichwertig ansieht und entsprechend behandelt.

5.5. Frauen in der Urgemeinde

Die Geschichte der Urgemeinden ist selten Thema im Religionsunterricht. Besonders Paulus gilt als sehr problematisch für die Grundschule. Dies ist erstaunlich, denn die Apostelgeschichte liest sich ähnlich spannend wie die Geschichten des Alten Testaments. Ebenso sind die Paulusbriefe – als Ergänzung zur Apostelgeschichte – für den Unterricht umsetzbar. Durch sie erhalten wir auch genügend Informationen über die zahlreichen in Urgemeinden und Mission tätigen Frauen. Dieser Aspekt ist aufgrund der Beschränkung der Kirchenämter auf Männer für Mädchen besonders wichtig. Hier kann verdeutlicht werden, dass Frauen zur Verkündigung ebenso befähigt und berufen waren wie Männer. Diese Thematik erfordert allerdings einige Sensibilität, da für Kinder der Kontrast zwischen Ideal und Realität nur schwer nachvollziehbar ist. Ein positives Frauenbild muss nicht ein negatives Kirchenbild hervorrufen. Ein solches Ergebnis kann nicht der Sinn eines an Mädchen orientierten Religionsunterrichts sein.

Den Versuch einer Umsetzung der Paulusbriefe für Kinder macht Hazel Scrimshire in ihrem Kinderbuch „Viele Grüße, Euer Paulus. Postkarten aus turbulenten Zeiten"[148], indem sie die Missionsgeschichte des Paulus in kurze, den Briefen nachgeahmte Postkarten-Texte zusammenfasst, in eine kindgerechte Sprache übersetzt und mit Zeichnungen untermalt. Bedauerlich ist allerdings, dass hier wiederum die Mädchen/Frauen zu kurz kommen. Es wäre schon viel gewonnen, wenn die Autorin die Anrede „*Liebe*

---

[148] dt. Übersetzung erschienen im Brunnen Verlag 1994.

Freunde" um „*Liebe Freundinnen*" erweitert hätte. Ebenso wäre es schön gewesen, wenn die Zeichnerin mehr Frauen dargestellt hätte. Immerhin werden die Geschichten von Lydia, Priscilla und der wahrsagenden Magd erzählt, doch auch hier wäre es wünschenswert, die Bedeutung der Frauen für die Missionsbewegung deutlicher zu betonen. Mit kleinen Abänderungen könnte das Buch dennoch als Hilfsmittel für den Unterricht verwendet werden.

Eine weitere Möglichkeit wäre das Ausgliedern einzelner Episoden aus dem Gesamtkontext. Die Geschichten von Lydia und Priska bieten sich hier besonders an, da sie genug Details für eine anschauliche und spannende Erzählung enthalten. Zur Verdeutlichung könnten die Reisen der beiden Frauen auf Landkarten mit verfolgt werden. Ebenso könnten Erläuterungen zu ihren Berufen den SchülerInnen sowohl die beiden Frauen als auch die damalige Zeit näher bringen. Hier bietet sich auch eine Möglichkeit zu fächerübergreifendem Unterricht.

Je nach Vorwissen der SchülerInnen im Umgang mit dem biblischen Frauenbild können entweder Lydia und Priska als zwei bedeutende Frauen der Missionsgeschichte ein Gegengewicht zu den überrepräsentierten Männern bilden oder aber Priska und Aquilla als Beispiel für eine geschlechtlich gleichberechtigte Stellung in den christlichen Gemeinden dienen.

Priska und Aquilla bieten sich im Zusammenhang mit Paulus auch für das Thema Freundschaft an. Gleiches gilt für die „Grußliste" aus dem Brief an die Römer. In diesem Zusammenhang können die SchülerInnen auch eigene Briefe an ihre FreundInnen schreiben. Anhand der hier genannten Geschichten kann dann zusammengestellt werden, welche Eigenschaften eine Freundschaft ausmachen (z. B. Treue, Sympathie, gegenseitige Achtung, Liebe, Auseinandersetzungen, Lob, sich füreinander einsetzen, sich um die anderen bemühen,...). Von hier aus kann auch ein Zusammenhang zwischen Freundschaft und der Botschaft Jesu hergestellt werden, in dessen Zentrum die Liebe steht.

6. Religiöse Kinderbücher

Eine große Bedeutung für die Vermittlung religiöser Werte und geschlechtsspezifischer Rollenvorstellungen im Religionsunterricht spielen die hierfür verwendeten Medien. Gerade Bilder sind hierbei vielfach wichtige Vermittler indirekter Botschaften, die besonders dann problematisch werden können, wenn sie unreflektiert und unbewusst und somit möglicherweise ungewünscht sind. Die wichtigste Rolle hierbei spielen sicherlich die Religionsbücher. Diese sind jedoch derzeit – wie oben bereits beschrieben – in der Regel ungeeignet für die Vermittlung eines gleichberechtigten und relativ offenen geschlechtsspezifischen Rollenverständnisses und benachteiligen Mädchen häufig. LehrerInnen, die hier Alternativen suchen, haben eine (noch) sehr beschränkte Auswahl. Eine Ausweichmöglichkeit – besonders bezüglich des häufig eher spärlichen Bildmaterials – bieten hier religiöse Kinderbücher.

Unter feministischen Gesichtspunkten sind viele religiöse Kinderbücher allerdings ähnlich problematisch wie Religionsbücher und müssen daher auch ebenso kritisch hinterfragt werden. Wiederum sind hier Mädchen und Frauen erheblich unterrepräsentiert. Sie werden weniger häufig genannt, stehen seltener im Mittelpunkt, werden auf Bildern kleiner oder ungenauer dargestellt und entsprechen häufig den klassischen Rollenklischees. Dies gilt für biblische und kirchengeschichtliche Erzählungen ebenso wie für Geschichten, die indirekt religiöse Werte vermitteln. Hier zeigt sich die große Bereitschaft vieler AutorInnen, Mädchen zu ignorieren oder aber unter die Jungen zu subsumieren. Den Mädchen wird somit wiederum die Identifizierung erschwert. Weibliche Vorbilder und neue, gleichberechtigte Rollenvorstellungen fehlen. Mädchen erfahren auch hier, dass sie – verglichen mit den Jungen – weniger wichtig sind.

Im Gegensatz zu den Religionsbüchern lässt sich hinsichtlich der religiösen Kinderbücher innerhalb der letzten Jahre ein zunehmendes Bewusstsein für die Benachteiligung der Mädchen und die Festlegung auf geschlechtsspezifische Rollenklischees beobachten. Ein Überblick über die zurzeit erhältlichen Titel zeigt hingegen, wie erheblich die Kluft zwischen jungen- und mädchenbezogener Kinderliteratur noch ist. Das aktuelle Hauptverzeichnis der BuchhändlerInnen[149] verzeichnet 624 religiöse Kinderbücher. Insofern der Titel Rückschlüsse auf den Inhalt zulässt, gilt folgendes:

- 19 Bücher beschäftigen sich mit religiösen Themen, ohne jedoch auf biblische bzw. kirchengeschichtliche Personen einzugehen. Hiervon nennen 15 Titel eine männliche, lediglich vier eine weibliche (menschliche oder tierische) Hauptperson.

- Immerhin 13 der auf Gott bezogenen Titel verwenden einen eindeutig männlichen Begriff für Gott, wie „Vater", „Herr" oder „Freund". Das einzige Kinderbuch, das bereits im Titel von einer Gött*in* spricht, entstammt dem buddhistischen Kontext.

- Ein Großteil der religiösen Kinderbücher lässt sich biblischen ProtagonistInnen und Heiligen zuordnen. Von diesen 85 Titeln[150] beziehen sich 78(!) auf Männer (15 auf männliche Heilige, 63 auf biblische Männergestalten;) und lediglich sechs auf Frauen (zwei auf weibliche Heilige, vier auf biblische Frauengestalten). Thematisiert werden hier immerhin 25 unterschiedliche Männer und vier unterschiedliche Frauengestalten der Bibel. Bei den Frauengestalten handelt es sich um Sara, Rebekka, Maria und Maria von Magdala. Die weiblichen Heiligen sind Elisabeth von Thüringen und Klara von Assisi. Bemerkenswert ist, dass keines der Bücher über die biblischen Frauengestalten vor 1991 erschienen ist.

Im Vergleich mit einem anderen Bücherverzeichnis finden sich noch vier weitere Titel zu biblischen Frauengestalten bzw. weiblichen Heiligen. Diese sind: die Tochter des Jairus, die Frau aus dem Gleichnis von der verlorenen Drachme und – wiederum – Sara und Elisabeth von Thüringen.

Unter den Neuerscheinungen dieses Jahres sind ebenfalls drei Titel – also vergleichsweise viele –, die biblische Frauen in den Mittelpunkt stellen.

---

[149] Libriverzeichnis; umfasst einen Großteil der zur Zeit auf dem Markt befindlichen Titel.

[150] Titel, die sich auf Engel oder Jesus beziehen, sind nicht eingerechnet.

Auch hier wurden keine neuen Frauengestalten bearbeitet, sondern auf Maria (die Mutter Jesu) und Maria aus Magdala zurückgegriffen.

Von diesen insgesamt zehn Kinderbüchern zu biblischen Frauengestalten sind zurzeit lediglich sieben erhältlich, da eines bereits vergriffen ist und zwei weitere noch nicht erschienen sind.[151] Nimmt man die Gleichnis- und die Heilungserzählung heraus, so bleiben lediglich vier biblische Frauengestalten, die überhaupt in religiösen Kinderbüchern thematisiert werden.

6.1. Einzeluntersuchungen

Hinsichtlich der Kinderbücher über Frauen fällt auf, dass sie größtenteils auch von Frauen geschrieben und gezeichnet wurden. Dennoch zeigt eine genauere Untersuchung, dass weder eine Autor*innen*schaft noch die Thematisierung weiblicher Frauengestalten eine Garantie für die feministisch-theologische Auslegung biblischer Geschichten ist. Ich möchte daher im Folgenden die fünf verbleibenden Kinderbücher diesbezüglich untersuchen. Hierdurch soll zum einen ein kritischer Überblick über die momentan erhältlichen Kinderbücher zu biblischen Frauengestalten gegeben werden. Zum andern soll exemplarisch aufgezeigt werden, welche Aspekte der Erzählungen Frauenbilder vermitteln und wie Ansätze neuer Frauenbilder aussehen können. Hierbei soll vor allem deutlich werden, wie subtil *herr*schende Rollenklischees sogar in die feministisch orientierten Kinderbücher mit einfließen, deren Autorinnen dies doch gerade zu vermeiden suchten. Dies wirft ein alarmierendes Licht auf die Selbstverständlichkeit, mit der patriarchale Strukturen in unserer Gesellschaft verwurzelt sind.

A) Sara

Als Kinderbuch weist „Gott sprach, und Sara lachte" von France Quéré und Dorothée Duntze viele Qualitäten auf. Es erzählt auf kindgerechte Weise die

---

[151] Diese Zahl ist nicht absolut zu sehen, da es einige kleinere Verlage gibt, die in den von mir untersuchten Verzeichnissen nicht aufgeführt sind. Dieser Prozentsatz ist jedoch so gering, dass er die oben genannten Ergebnisse, insbesondere das summarische Verhältnis von jungen- und mädchenbezogenen Kinderbüchern, nicht entscheidend verändern kann. Ein Verzeichnis über die bis Ende des Jahres erhältlichen Kinderbücher zu biblischen Frauengestalten und weiblichen Heiligen findet sich auf Seite 131f.

Geschichte von Sara und Abraham von ihrer Heirat an bis hin zu ihrem Tod. Hierbei wird großer Wert darauf gelegt, den LeserInnen einen Einblick in die damalige Kultur zu verschaffen. Ebenso wird die religiöse Dimension in diesem Zusammenhang betont. Der hier geschilderte Gott entspricht weniger unserem heutigen christlichen Gottesverständnis als vielmehr dem Jahwe der Stammväter und -mütter. Die detaillierten Bilder bemühen sich in Inhalt, Farbe und Form um eine möglichst realistische Wiedergabe der damaligen örtlichen Begebenheiten sowie der Tiere und Menschen und deren Lebensweise. So kann beispielsweise der Alterungsprozess (besonders Saras) mit verfolgt werden. Zahlreiche – ebenfalls detaillierte – Nebenschauplätze lassen das Geschehen lebendig werden. Der Malstil erinnert an orientalische Kunst. Zahlreiche Hintergrundinformationen vervollständigen die Bemühungen von Text und Bild um eine zeitgemäße Darstellung. So werden problematische Namen, Begriffe und Sitten immer wieder in kleinen Exkursen erklärt. Am Ende des Buches sorgen vier kurze Sachkapitel für einen – auch für Kinder verständlichen – ersten Einblick in die biblische Traditionsgeschichte und Exegese. Dies erweckt ebenso Interesse an der Bibel, wie einige Querverweise zu anderen Bibelstellen, die zum Weiterlesen animieren. Der Märchencharakter, den gerade Kinder, die nicht im christlichen Kontext aufwachsen, bezüglich der Bibel häufig wahrnehmen, wird somit durch einen hohen Realitätsgehalt ersetzt, ohne jedoch zu einem Spannungsverlust zu führen. Für den Erhalt der Spannung sorgt die abwechslungsreiche Präsentation von Texten und Bildern, die in Größe und Darstellungsform variieren und abwechselnd die Menschen oder deren Umgebung, die reine Erzählung oder die Hintergrundinformationen in den Vordergrund rücken. Besonders die häufige Darstellung von Tieren und Kindern sowie deren Lebenswelt (z.B. Kinderspielzeug, S. 28) erleichtern den (kindlichen) LeserInnen die Identifikation mit der Geschichte und ihren Protagonisten.

Hinsichtlich des hier zu untersuchenden feministischen Anspruchs weist das Kinderbuch von France Quéré und Dorothée Duntze jedoch trotz vieler guter Ansätze auch zahlreiche Defizite auf. Positiv ist zu bewerten, dass bereits der Titel Sara in den Vordergrund stellt. Die Zeichnungen verstärken diesen Eindruck, da Sara häufiger und größer abgebildet ist als Abraham.

Zudem beschäftigen sich gleich zwei – und zwar die ersten beiden – Sachkapitel mit Sara. Hierin wird immer wieder deren Bedeutung als Stammmutter des Volkes Israel betont. Positiv zu bewerten sind auch die Hinweise auf den ehemals matriarchalen Glauben der orientalischen Völker und auf die in Genesis 1,27 beschriebene Gleichwertigkeit von Frau und Mann vor Gott. Bereits die ersten Sätze verweisen Sara jedoch wieder auf den zweiten Platz: Die Erzählung beginnt mit Abraham und führt Sara als dessen Frau ein. Fragwürdig ist zudem, warum ein Buch, das solche feministischen Ansätze aufweist, einen Titel erhalten hat, der sich ausgerechnet auf die Sequenz der Erzählung bezieht, die auf Saras Glaubenszweifel hinweist. Dem Titel entsprechend durchzieht das Motiv von Saras Zweifel an der Zusage Gottes die gesamte Erzählung wie ein roter Faden. Demgegenüber steht der auf Gott vertrauende Glaube Abrahams.[152] Der Mann erscheint hier also wiederum als der starke, für Gottes Offenbarungen reife, während die schwache, zweifelnde Frau nur durch ihn an Gottes Güte (die lange ersehnte Geburt des Sohnes) teilhaben kann. Auf Seite 16 wird ausdrücklich betont, dass Sara ihren Mann für dessen Gelassenheit *bewundert*. In der Bibel selbst hingegen wird von eventuellen Zweifeln Saras – abgesehen von Saras Lachen – nichts berichtet. Was hier möglicherweise dazu dienen sollte, das biblische Schweigen über Saras Reaktion, ihre Gedanken und Gefühle zu füllen und Sara lebendig werden zu lassen, vermittelt gerade den gegenteiligen Eindruck, nämlich erneut den der Minderwertigkeit der Frau. So wird auch in keiner Weise darauf hingewiesen, dass es für Sara schwieriger ist, an die Verheißung zu glauben, da diese ihr nur indirekt – über ihren Mann – gemacht wird. Indem Saras Zweifel in den Mittelpunkt gerückt werden, wird auch von der Tatsache abgelenkt, dass Sara eindeutig in den Bund Gottes mit Abraham eingeschlossen ist, auch wenn Gott explizit nur mit Abraham spricht. Auf Seite 17 spricht Abraham Sara gegenüber sogar nur von „*meinen* Nachkommen" (statt von *unseren*). Ohne Sara ist der Bund jedoch nicht erfüllt, wie die Pharao- und die Hagar-Episode verdeutlichen (vgl. Kapitel 4.3.1.). Auch ansonsten wird Abraham durchgehend positiv geschildert, was ebenfalls den biblischen

---

[152] *Quéré, France; Duntze Dorothée*, Gott sprach, und Sara lachte, Lahr 1994, S. 9; 16; 18; 24.

Rahmen sprengt.[153] In diesem Sinne wird sogar sein eindeutig negatives Verhalten beschönigt. So wird sein Vorgehen bezüglich des Pharaos damit entschuldigt, dass seine List *„nicht seinem eigenen Vorteil"* dient, sondern notwendig ist, da er *„am Leben bleiben"* (muss), *um Gottes Versprechen zu erfüllen."*[154] Dies stellt jedoch wiederum das Eingebundensein Saras in den Bund Gottes in Frage, da diese als Frau des Pharaos Gottes Verheißung nicht erfüllen könnte. Hätte Abraham hier jedoch auf Gottes Hilfe vertraut, so hätte er Sara viel Leid ersparen können. Dieses hingegen wird ebenfalls verharmlost, indem es auf die Trennung von Abraham reduziert und hierdurch mit dessen Leid gleichgesetzt wird. Zu kritisieren ist die Darstellung der Pharao-Episode auch bezüglich des hier indirekt vermittelten Frauenbildes, nach dem es – da unkommentiert – scheinbar selbstverständlich ist, dass ein Mann eine schöne Frau begehrt und diese Begierde mit allen Mitteln durchsetzen kann. Das zweite Fehlverhalten Abrahams zeigt sich in der Hagar-Episode, die wiederum alle Schuld den Frauen (Sara und Hagar) zuschreibt. Unbedacht bleibt hier die Mitverantwortung Abrahams an den Vorgängen. Wie Sara zweifelt hier auch Abraham an der Verheißung Gottes – worauf allerdings nicht hingewiesen wird – und willigt somit in Saras Vorschlag ein. Für die Resultate hieraus übernimmt er jedoch keine Verantwortung. Weder versucht er, zwischen den beiden Frauen zu vermitteln und beide auf ihr ungerechtes, wenn auch verständliches Verhalten hinzuweisen, noch verhindert er die Verstoßung Hagars und Ismaels, die das Leben seiner Nebenfrau und ihres gemeinsamen Sohnes akut in Gefahr bringt. Er führt die Vertreibung – auf Saras Wunsch hin – sogar selber aus. Seine passive Rolle dient hier seiner Entschuldigung. Saras negatives Verhalten wird konsequent betont, während das des Abraham verharmlost wird.

Die Chance eines Kinderbuches, die allzu reduzierten Frauengestalten der Bibel auszuschmücken und erstarken zu lassen, ist somit vertan. Es hätte hierzu mehr und positivere Möglichkeiten gegeben. Unter feministischen

---

[153] Bsp. S. 17: „(Abraham) *besänftigte die Gewalttätigen und sorgte dafür, dass es ehrlich und gerecht zuging."*

[154] S. 12, Kommentar

Gesichtspunkten ist „Gott sprach, und Sara lachte" – insbesondere den Text – als durchaus fragwürdig anzusehen. Die ansprechenden, lebendigen und realistischen Bilder sowie die Erklärungen der vier Sachkapitel können im Religionsunterricht der Primarstufe jedoch als eine gute Grundlage für eine diesbezügliche Unterrichtseinheit dienen

Rebekka

Das 1991 erschienene Kinderbuch „Rebekka" von Barbara Bartos-Höppner und Relindis Agethen wird vor allem durch seine ausdrucksstarken Bilder bestimmt. Sie sollen den „*Urworten*" des Textes als „*gleichberechtigter Partner*"[155] gegenüberstehen. Mit ihrem hohen Maß an Aussagekraft, Tiefe und Symbolgehalt erzählen sie die Geschichte der Rebekka in einer nonverbalen Sprache. Relindis Agethen malt kraftvoll und vielschichtig ihr Bild der biblischen Rebekka. Ihre Bilder sind weniger zeichnerische Umsetzungen der Texte, wie dies üblicherweise in Kinderbüchern der Fall ist, als vielmehr eigenständige Kunstwerke, die erst entschlüsselt werden müssen. Aufgrund dieser Symbolhaftigkeit sind Relindis Agethens Bilder umstritten, entsprechen sie doch durchaus nicht der gängigen Vorstellung einer kindgerechten Darstellungsform. Erfahrungen mit Kindern zeigen jedoch, dass diese weitaus mehr zu verstehen in der Lage sind, als ihnen gemeinhin zugetraut wird.[156] Dies gilt insbesondere für die Sprache der Farben, die am deutlichsten die von der Malerin beabsichtigten Botschaften vermittelt und von Kindern oft besser und tiefer verstanden wird als von Erwachsenen. Rainer Oberthür bestätigt diese Erfahrung.

Er gibt zwar zu bedenken, dass „*die Motivfülle den Unterricht tatsächlich vor erhebliche Probleme*" stellt, weist aber auch darauf hin, dass ein

---

[155] s. Anhang des Kinderbuches.

[156] Ich beziehe mich hierbei sowohl auf eigene Erfahrungen als auch auf die Pädagogik der Reggio Emilia, die zeigt, wie ausgeprägt kindliches Begreifen ist. Vgl. *H. D. Michael Göhlich*, Reggiopädagogik - innovative Pädagogik heute. Zu Theorie und Praxis der kommunalen Kindertagesstätte von Reggio Emilia. Frankfurt 1990³.

methodisches Vorgehen „*die Vielfalt nicht zur Irritation, sondern zur Chance eines wahrhaft, bildenden' Unterrichts führen*" kann.[157]

Das Rot der Rebekka steht für ihre „*aktive Kraft*" und „*volle Teilhabe am Leben*"[158], spiegelt aber auch deren tiefe Verbundenheit mit Gott wider, dessen „*Feuer in ihr brennt*" und für den sie „*entzündet ist*". In der Farbe Rot verbinden sich beide Elemente und zeugen von Rebekkas „*dynamischer Existenz*", in deren Mitte Gott steht. Das Grün, dass die schwangere Rebekka umgibt, ist ein Zeichen für das Leben, dass in ihr entsteht und für das sie bei Gott eintritt - im Zwiegespräch während ihrer Schwangerschaft und später im Streit ihrer Söhne um den Segen des Vaters. Die Bedeutung der Farbe entspricht dem alt-ägyptischen Verständnis, nach dem das Wort für „Farbe" auch „Wesen" bedeutete. Ebenso wie die Farben haben auch die Zeit- und Ortangaben sowie die einzelnen Bilddetails immer auch eine innere Bedeutung. So ist beispielsweise die Nacht Zeichen für Orientierungslosigkeit, aber auch für die Ruhe, die einen Zugang zu der „*Tiefe des Seins*" ermöglicht. Die Wüste ist gleichzeitig ein Symbol für die „*Durststrecken des Lebens*" wie auch für die Möglichkeit zu Selbsterkenntnis und Gottesbegegnung. Eine große Rolle spielen auch die Symbole (zumeist Tiere), die den einzelnen Personen zugeordnet sind. So ist der Widder das Tier Isaaks, der listige Fuchs das Tier Jakobs, der Jäger Esau wird mit einem Adler dargestellt, dem später durch den Verlust des Erstgeborenensegens und der damit verbundenen drohenden Knechtschaft ein Ochse beigefügt ist. Im Mittelpunkt der Geschichte wie auch der Bilderklärungen am Ende des Buches steht jedoch Rebekka. Ihr Symbol wechselt im Laufe der Geschichte. Zunächst hat die Malerin ihr die Blüten des Mandelbaums zugeordnet, dessen hebräischer Name *schaqed* übersetzt *der Wachende* bedeutet. Hierdurch wird bereits im ersten Teil der Geschichte – in dem sich Rebekka noch recht passiv verhält – die Charaktereigenschaft betont, die

---

[157] *Rainer Oberthür*, Religionsunterricht mit Bildern von Relindis Agethen, KatBl, 113. Jg. 1988, S. 818. Rainer Oberthür bezieht sich hierbei auf die Agethen-Bilder in den Unterrichtsbüchern von H. Halbfas, die erheblich anspruchsvoller sind, als die im vorliegenden Kinderbuch.

[158] zu diesen und nachfolgenden Zitaten s. Nachwort zu den Bildern in: *Barbara Bartos-Höppner*, *Relindis Agethen*, Rebekka. Stuttgart.

ihre spätere Aktivität ermöglicht: ihre Wachsamkeit. In dem Moment, in dem Rebekka selbst aktiv wird, als sie sich für Isaak entscheidet, verschwindet der Blütenzweig. Die Wachsamkeit tritt vor ihrem Aktivwerden zurück. Im Kontext mit Isaak ist fortan der Wüstenfuchs ihr Begleiter, dessen Eigenschaften Relindis Agethen in Bezug auf Rebekka folgendermaßen beschreibt: *„Mit seiner Spürnase, seinem Witterungsvermögen, seiner Instinktsicherheit, seinem klaren, durchschauenden Blick, seiner Beherztheit, Wachsamkeit und Klugheit, ja mit seiner sprichwörtlichen List vermittelt er die Eigenschaften, die Rebekka in ihrer intuitiven Weisheit charakterisieren. Die hellhörige, auch noch im Dunkeln hellsichtige Kraft des Fuchses lässt ihr auch dort noch etwas einfallen, wo das bewusste Ich mit seinen Möglichkeiten am Ende ist. Der ‚Fuchs in ihr' ist zu Hause im symbolischen Bereich der Nacht, der Region des Traumes, der Vision, der schöpferischen Herzkräfte, mit denen sie Gott ihr ganzes Leben hindurch geradezu ‚wittert' und auch noch im tiefsten Dunkel und mitten in den Wüsteneien des Lebens aufspürt."* Die Verwandtschaft mit dem Tier des Jakob vermittelt dem Betrachter auch ihre innere Verbundenheit zu dem ihr nahestehenden Sohn. Die Spirale schließlich, die in jedem Bild erneut auftaucht, symbolisiert die *„dialektische Lebensbewegung"* und ersetzt gleichzeitig das statische Bild eines üblicherweise durch einen Kreis repräsentierten Gottes durch eine dynamische, lebensnahe und aktive Gottesvorstellung. Als Gottessymbol ist die Spirale immer mit einem weiteren Gottessymbol kombiniert, wie beispielsweise mit dem kosmischen Christus der Hildegard von Bingen, durch den hier gleichzeitig eine andere große Frau des Christentums angesprochen wird. Können die kindlichen Betrachter auch nicht alle Symbole in ihrer ganzen Tiefe begreifen, so können sie doch – unterstützt von der beredten Mimik und Gestik der einzelnen Figuren – einen Großteil der Kernaussagen der Rebekka-Geschichte erahnen. Deutlich werden in jedem Fall die Dynamik Rebekkas, die von Malerin und Texterin konsequent als kraftvolle, eigenständig handelnde Frau beschrieben wird, sowie ihre tiefe Verbundenheit mit Gott. In jedem Bild ist Gottes Leuchten enthalten, bleibt eine helle Stelle, die die Aufmerksamkeit des Betrachters auf sich zieht, selbst in den dunklen Nachtbildern. Ebenso zieht das leuchtende Rot Rebekkas die Blicke auf sich. Rebekka und ihre Beziehung zu Gott sind das Thema des Kinderbuches. Gott ist der zentrale Punkt in Rebekkas Leben, dem sie sich vollständig anvertraut. Aus diesem Vertrauen schöpft sie ihre Kraft, wagt sie es, ihrer inneren Stimme folgend, konsequent und liebevoll ihren Weg zu gehen. Der Dynamik der Bilder entspricht der spannend und dicht geschriebene Text, der durchaus kindgerecht, aber auch für Erwachsene interessant ist. Barbara Bartos-Höppner hält sich hierbei eng an die biblische Vorlage, akzentuiert aber immer wieder die Stärke und Eigenständigkeit Rebekkas, auch dort, wo die Vorlage diese nur andeutet. So ist Rebekka von Anfang an die Wachsame, die nicht einfach über ihr Leben entscheiden lässt, sondern dabei ist und zuhört. Ihre Entscheidung, Isaak zu heiraten, wird von der Autorin über die biblische Vorlage hinaus betont: sie *„zögerte keinen Augenblick"*, *„sah sich nicht um"* und *„überließ sich ganz dem Willen Gottes"*.[159] Bezüglich der Heirat von Rebekka und Isaak erweitert Barbara Bartos-Höppner die Feststellung, dass Isaak Rebekka liebgewann (Gen 24,67), um die Aussage, dass auch Rebekkas Herz *„kräftig zu schlagen"* begann.[160] Auf die an die Geschichte Saras angelehnte Begegnung mit Abimelech wird ganz verzichtet, zumal diese dem sonstigen Bild Rebekkas widerspricht und vermutlich auch erst nachträglich eingefügt wurde. Vollständig aktiv wird Rebekka im zweiten Teil der Geschichte, als sie Jakob den Erstgeburtssegen verschafft und ihn anschließend vor Esaus Zorn rettet. Im Gegensatz zur biblischen Vorlage betont die Autorin auch hier die Eigenständigkeit Rebekkas, aber auch ihre „Komplizenschaft" mit Gott. Ihr Handeln entspringt hier nicht einfach ihrer persönlichen Bevorzugung Jakobs, sondern ihrer Erinnerung an die Vorhersage Gottes, dass der Ältere dem Jüngeren dienen wird.[161] So erklärt sie Jakob, dass das Vorhaben Isaaks, Esau den Segen zu geben, *„niemals geschehen"* darf.[162] Ebenso übernimmt sie die volle Verantwortung, indem sie betont, dass der Fluch

---

[159] S. 12.

[160] S. 16.

[161] S.21.

[162] S.22.

nur sie allein treffen wird[163]. Das Ende des Buches zeigt Rebekka und Isaak in tiefer Eintracht. Rebekka wird also nicht zur listigen Betrügerin, sondern bleibt die starke Frau, die konsequent, klug und mutig den Weg geht, den Gott ihr weist.

C) Maria

Von denselben Autorinnen ist 1991 das Buch „Maria" erschienen. Viele der oben beschriebenen Aspekte des Buches „Rebekka" treffen auch hier zu. Insgesamt ist dieses Buch jedoch weitaus anspruchsvoller, als das über Rebekka. Es sollte – es sei denn in stark abgewandelter Form – frühestens in einer bereits geübten dritten Klasse verwendet werden, während „Rebekka" bei guter Vorbereitung auch früher im Unterricht angewandt werden kann. Der hohe Schwierigkeitsgrad des Buches ergibt sich aus der Form der Geschichte, die Maria in den Mittelpunkt stellt und somit die komplexe und anspruchsvolle Geschichte Jesu nur ausschnittsweise behandelt. Hierdurch erhält die Erzählung eine enorme Spannung und Inhaltsschwere, die von den Bildern unterstützt und ergänzt werden muss. So werden besonders die Bilder derart kraftvoll und symbolhaltig, dass sie von Kindern ohne Hilfe nicht verstanden werden können. Im Kontext einer entsprechenden Anleitung – beispielsweise im Unterricht – bleibt „Maria" jedoch ein auch für Kinder geeignetes Buch. Für Kinder schwer verständlich sind die einzelnen Elemente der Bilder, die sich auf unterschiedlichen Zeitebenen abspielen. Die jeweiligen Bilder geben immer schon einen Ausblick auf die zukünftige Entwicklung und zeigen darüber hinaus (interpretierende) Parallelen zu anderen Bibeltexten und unserer Geschichte. Das ganze Buch hindurch wird auf diese Weise die Spannung zwischen Leben und Tod aufrecht erhalten. So ist fast allen Bildern (Ausnahmen sind das von der Heimsuchung und das von den drei Weisen) ein Kreuz beigefügt. Dieses erscheint manchmal deutlich, manchmal nur angedeutet durch eine Körperhaltung bzw. sich kreuzende Regenbögen oder aber klein und im Hintergrund stehend. Ebenso sind selbst in den düsteren Flucht- und Kreuzigungsbildern Licht- und Farbelemente sowie diverse Hoffnungssymbole enthalten. Der Gekreuzigte

---

[163] ebd.

selbst wird in Verbindung mit dem Heiligen Geist bzw. Gott (dargestellt durch Licht und Hände) oder in Grün dargestellt, so dass deutlich wird, dass mit dem Tod auch etwas Neues beginnt. Stärkstes Symbol hierfür sind die in einigen Bildern auftauchenden Kornähren.[164] Deutlich wird diese Spannung bereits auf dem Deckbild (Heimsuchungsszene), das Maria zwischen Dornen und Rosen darstellt. Das Zusammenspiel von Leben und Tod, von Glück und Leid wird hiermit nicht nur zum Thema des Buches, sondern in besonderer Deutlichkeit auch zum Grundmotiv für Marias Leben. Ein anderes immer wieder erscheinendes Motiv ist das Labyrinth, welches das „Labyrinth des Lebens" symbolisiert. Über zahlreiche Umwege führt es doch immer zum Zentrum, wenn *man Frau* genug ist, diesen Weg weiterzu-gehen im Vertrauen darauf, auf dieses Zentrum zu treffen. Vertieft wird sowohl das Leid als auch das Glück durch Motive aus dem Alten Testament (Jes 11,6-8) und der heutigen Zeit. Häufigstes Leid-Motiv sind hierbei die Konzentrationslager des Hitler-Regimes. In diesem Zusammenhang zeigt sich auch immer das für Relindis Agethen typische Mädchen (!) mit dem Stacheldraht, das der Malerin als Verbindung zwischen Kindern und schwierigen Bildthemen dient. Eine entscheidende Rolle spielt in diesem Buch erneut die Spirale als göttliches Symbol sowie die Farben. Grün steht hier wiederum für Leben und Neubeginn, Rot für Lebenskraft und das göttliche Feuer und Blau für den Glauben. Wurde Rebekka dementspre-chend ganz in Rot dargestellt, zeigt sich Maria hier mit rotem Haar und blauem Gewand. Nur auf drei Bildern ist auch ihr Gewand rot dargestellt: Bei der Geburt Jesu und beim Pfingstereignis. Die Geburtsbilder zeigen Maria in einem tiefen Rot, auf das das Licht Jesu abzustrahlen scheint. Maria ist hier – ähnlich Rebekka – die aktiv Gottes Plan Ausführende. Während hier die - allerdings auf Gott ausgerichtete - Lebenskraft im Vordergrund steht, betont die Pfingstszene das göttliche Feuer. Maria scheint hier selbst zur Flamme zu werden. Sie ist *Feuer und Flamme* für Gottes Botschaft, lässt sich ganz auf sein Feuer ein und wird eins mit ihm. Wie die Farben signalisiert auch die Spirale Marias Verhältnis zu Gott. Im Zentrum dieser Spirale steht immer Jesus. Die schwangere Maria ist eins

---

[164] vgl. „Das Weizenkorn muss sterben...", Gotteslob Nr. 620

mit Jesus und somit ebenfalls Zielpunkt der Spirale, deren Zentrum sich hier um Marias Leib dreht. Wie sehr Maria in die Spirale Gottes eingebunden ist, verdeutlichen auch ihre Hände, die auf den meisten Bildern vor der Spirale abgebildet sind, diese also zwischen sich und ihren Händen umfangen halten. Nur Josefs Hände umfassen die Spirale zweimal auch auf diese Weise, während seines Traumes und in Bethlehem. Gerade in Josefs Traum aber ist Maria besonders dynamisch abgebildet. Sie scheint aus dem Bild herausspringen zu wollen und ahmt die Form der Spirale mit ihrem Körper nach. Ihre Hand hält hier die Spirale fest umfasst, sie greift zu, stellt selbst eine Verbindung her, wird zum Teil der Spirale. Nach Jesu Geburt liegt nur er im Zentrum der Spirale, Maria jedoch nahe bei ihm in der nächsten Umwindung. Diese Nähe bleibt bestehen, bis sich der zwölfjährige Jesus im Tempel selbst von seiner Mutter löst. Maria bleibt jedoch, wenn auch weiter entfernt vom Zentrum, immer innerhalb der Spirale. Bei Jesu Tod ist es nicht sein Körper, sondern sein Geist, den das Zentrum der Spirale umgibt. Maria steht auf diesem Bild im Dunkel der Welt, bleibt jedoch durch Kreuz und Blut Jesu über diesen mit der Spirale verbunden. Im Zentrum der beiden Kreuzigungsbilder steht nicht Jesus, sondern das Leid seiner Mutter und ihre Verbundenheit mit ihm. Während sie auf dem zweiten Bild durch die Umfassung des Kreuzes die Verbindung zu ihrem Sohn hält, so erinnert ihre Haltung auf dem ersten dieser Bilder selbst an ein Kreuz, aber auch an die Friedens- bzw. Pfingsttaube, deren Form auch der gekreuzigte Jesus angeglichen ist. Maria ist die einzige Frau, die auf dem Kreuzigungsbild abgebildet ist. Dies soll jedoch lediglich den Schwerpunkt auf sie richten. Im Text werden die anderen Frauen sehr wohl genannt. Barbara Bartos-Höppner umgeht hierbei sehr geschickt den Begriff „Frau des...", indem sie von *„Maria, die mit einem Mann verheiratet war, der Klopas hieß"*[165] spricht. Ansonsten hält sich die Autorin sehr eng an die biblische Vorlage, betont aber zu dieser die Anwesenheit Marias beim Pfingstereignis. Die Erzählung endet in der Bibel mit der Pfingstrede des Petrus. Barbara Bartos-Höppner führt hier jedoch erneut den Erzählstrang auf Maria zurück, so dass diese auch am Ende der Geschichte die Hauptperson bleibt. Die Bilder

---

[165] B. Bartos-Höppner, *Relindis Agethen,* Rebekka, Stuttgart 1991, S. 26.

Relindis Agethens ermöglichen noch eine Vielzahl weiterer Interpretationen. Bezüglich der Frage nach dem hier vermittelten Frauenbild sollen die hier genannten Aspekte jedoch genügen. Barbara Bartos-Höppner und Relindis Agethen haben es geschafft, in ihren beiden Büchern das Bild von zwei Frauen zu vermitteln, die sich sehr voneinander unterscheiden, sich aber in innerer Stärke und Gottvertrauen ähneln und so, jede auf ihre Weise, zu „Heldinnen" werden.

D) Maria von Magdala

Das Kinderbuch „Die Geschichte von Maria von Magdala den Kindern erzählt" von Maria-Regina Bottermann-Broj und Gertrud Schrör ist eines der Neuerscheinungen dieses Jahres. Ähnlich wie in „Gott sprach, und Sara lachte" gestaltet die Zeichnerin auch hier ihre Bilder in realistischer und zeitgemäßer Form. Sie verzichtet hier jedoch auf die detaillierten Ausschmückungen und beschränkt ihre Bilder auf den Inhalt der Erzählung. Die Bilder dienen hier der Untermalung des Textes und geben keine eigenständigen Sachinformationen. Der Text ist in einer sehr warmen, liebevollen und kindgerechten Sprache geschrieben. Die Autorin bemüht sich offenbar darum, ihre LeserInnen an den eigenen positiven Erfahrungen mit Jesus und ihrem Glauben teilhaben zu lassen. Die Darstellung der beiden Autorinnen verzichtet auf alles Phantastische und Sensationelle. Sie erzählt die Geschichte von Menschen, außergewöhnlich zwar, aber dennoch realistisch. Die Liebe ist das Hauptmotiv der Erzählung und kann als solches wahrgenommen werden, auch dort, wo sie nicht verbalisiert wird. Jesus erscheint hier nicht als der Wundertäter, sondern als der Liebende, der die Menschen, die sich auf ihn einlassen, mit dieser Liebe „ansteckt". Sehr gut gefällt mir auch die Schlussszene, die einen Ausblick auf die Zukunft gibt und andeutet, wie die Geschichte um Jesus weitergeht. Das Bild hierzu zeigt heutige Kinder, die im Schutz des in Umrissen angedeuteten Jesus spielen. Hiermit stellen die beiden Autorinnen gleichzeitig einen Bezug zur Gegenwart, wie auch eine Identifikationsmöglichkeit für ihre LeserInnen her und machen deutlich, dass diese in Jesu Heilsbotschaft mit eingeschlossen sind.

Im Zentrum des Kinderbuches von Maria-Regina Bottermann-Broj und Gertrud Schrör steht die Geschichte der Maria von Magdala. Ihre drei in der

118

Bibel überlieferten Begegnungen mit Jesus – die Heilung von den sieben Dämonen, die Kreuzigung und der Sendungsauftrag des Auferstandenen sind hier ausgeschmückt und zu einer fortlaufenden Geschichte miteinander verbunden. Die Heilungsgeschichte ist kindgerecht und realistisch umgesetzt. Der Begriff der Dämonen wird konsequent vermieden. Die Besessenheit Marias wird als tiefe Traurigkeit geschildert, die so groß ist, dass Maria apathisch wird und keine Kraft mehr zum Leben hat. Bereits zu Anfang wird geschildert, dass ihr Rücken krumm ist, so dass hier an die gekrümmte Frau (s.o.) erinnert wird. Dieser Gedanke wird nach der Heilung fortgeführt, indem beschrieben wird, dass Maria nun *aufrecht stehen* kann. Die Heilung selbst findet in der Berührung – wiederum auf einer sowohl physischen als auch psychischen Ebene – statt. Jesus sieht Maria an, nimmt sie wahr, mit *„Augen voll von Wärme, voller Liebe"* und sagt ihr – wie der Frau am Jakobsbrunnen – dass er sie genau kennt und sie so mag, wie sie ist. Maria-Regina Bottermann-Broj verdeutlicht hier sehr anschaulich, wie Heilung durch die Liebe und Annahme Jesu stattfindet. Erscheint Maria bis hierher passiv, so wird sie nun selbst aktiv, was im Text besonders dadurch verdeutlicht wird, dass von nun an nicht mehr über sie, sondern – in wörtlicher Rede – von ihr erzählt wird. Hierdurch wird Maria noch lebendiger und noch eindeutiger in den Mittelpunkt gerückt als zuvor. Die Heilungsszene endet mit dem Nachfolgeaufruf Jesu, der in der Bibel zwar nicht explizit überliefert, aber doch naheliegend zu sein scheint. Jesu Worte hierzu erinnern an die Formel, die er für die Berufung seiner Jünger verwendet hat. Maria kann also auch vom Leben Jesu als Augenzeugin berichten. Ihre nicht nur tiefe, sondern auch lang andauernde Beziehung zu Jesus macht ihre Zeugenschaft bei Jesu Tod und Auferstehung und besonders ihren Sendungsauftrag verständlicher. Der Text betont immer wieder die Nachfolgeschaft von Frauen, nennt Johanna und Susanna als Beispiele, spricht von Jünger*innen* und verwendet konsequent die männliche und die weibliche Wortform, wo eine geschlechtliche Unterscheidung sprachlich notwendig ist. Wie der Text betonen auch die Bilder die Gleichstellung von Mann und Frau vor Jesus. So beginnt das Buch mit zwei reinen Frauenbildern: Das erste zeigt Maria, das zweite Maria und zwei weitere Frauen, die ihr helfen und sie zu Jesus bringen wollen. Von ihnen berichtet die Bibel nichts. Hier zeigt sich aber bereits die Tendenz der beiden Autorinnen, alle Ausschmückungen des Bibeltextes entweder mit Frauen oder aber mit Frauen und Männern zu füllen. So weisen die beiden Bilder, auf denen das Volk dargestellt ist, sogar mehr Frauen/Mädchen als Männer/Jungen auf. Gertrud Schrör bemüht sich deutlich um eine Ausgeglichenheit des Geschlechterverhältnisses, die sich jedoch – ausnahmsweise – zugunsten der Frauen leicht (maximal um eine Person) verschieben kann. Das Heilungsbild betont Maria und Jesus gleichermaßen und stellt ihre Beziehung, Jesu Liebe und Marias Vertrauen in den Mittelpunkt. In der Abendmahlsszene lässt der Text zwar offen, ob Maria anwesend war oder nicht, das Bild zeigt sie jedoch – mit mindestens einer weiteren Frau – im Kreis der Jünger sitzend. In der Kreuzigungsszene wird außer Maria von Magdala leider nur Maria, die Mutter Jesu, erwähnt. Die anderen Frauen, von denen sogar die Evangelien berichten, bleiben ungenannt. Ihre Nennung wäre jedoch naheliegend gewesen, zumal vorher bereits von anderen Frauen in der Nachfolge Jesu berichtet wird. Die Darstellung der Engel in der Grabszene weist erneut großes Feingefühl für die feministisch-theologische Thematik auf. Das Bild lässt hier offen, ob die Engel männlich oder weiblich sind, und der Text betont sogar – anders als in „Gott sprach, und Sara lachte" – die Unmöglichkeit, diese einem bestimmten Geschlecht zuzuordnen. Die beiden Autorinnen verzichten darauf, die Begegnung des auferstandenen Jesus mit anderen Menschen (Männern) zu erwähnen, Marias Zeugnis genügt. Dieses wird in der dreigegliederten Schlussszene zum Höhepunkt der Geschichte, indem hier der Sendungsauftrag Jesu an Maria, dessen Ausführung vor den Jüngern und Jüngerinnen und die Auswirkungen bis heute ausführlich und einfühlsam geschildert werden.

So überzeugend das Kinderbuch zu Maria von Magdala hinsichtlich der feministisch-theologische Fragestellung ist, so muss sich die Lehrkraft vor dessen Verwendung im Unterricht jedoch bewusst machen, dass die biblische Beschreibung Marias von Magdala auch ein anderes Magdalenenbild zulässt, das hier zu kurz kommt. Maria ist die einzige Frau des Neuen Testaments, die mit ihrem eigenen Namen, nicht aber durch ihre Zugehörigkeit zu einem Mann vorgestellt wird. Bei allen Unterschieden in den Passionsgeschichten der vier Evangelien sind sich doch alle Evangelisten einig, dass Maria als Zeugin bei Kreuzigung, Grablegung und Auferstehung dabei war und als erste den Auftrag bekam, hiervon zu berichten.[166] Maria von Magdala muss also eine sehr starke und eindrucksvolle Frau gewesen sein, die vermutlich allein und selbstbestimmt gelebt hat und zum engsten Freundeskreis Jesu zählte.

Von einer solchen Maria von Magdala berichtet das ebenfalls in diesem Jahr erschienene Kinderbuch „Maria von Magdala" von Lene Mayer-Skumanz und Elisabeth Singer. Während das erstgenannte Buch vor allem für Erst- und Zweitklässler geeignet ist, ist dieses aufgrund seiner Textfülle eher den höheren Grundschulklassen zuzuordnen. Die Bilder treten hier vollständig in den Hintergrund. Der Text ist lang und ausführlich, aber auch spannend und sehr dicht. Das Buch eignet sich aufgrund seiner Textlänge nicht zum Vorlesen im Unterricht – es sei denn, über eine längere Periode hinweg. Einzelne Textabschnitte lassen sich jedoch sehr gut für den Unterricht verwenden. Der Text zeichnet das Bild einer starken Frau, die selbstver-ständlich zu den JüngerInnen Jesu gehörte und mit ihnen umherzog. Sie unterscheidet sich wohltuend von den zwölf Männern um Jesu, die immer wieder in ihr selbstherrliches Verhaltensmuster zurückfallen und Jesu Handeln und Worten mit großem Unverständnis begegnen. Maria ist immer einen Schritt weiter. Sie versteht, erklärt, ergänzt Jesus. Sie greift selbstän-dig ein, beispielsweise, um die Kinder zu Jesus zu lassen oder Jesu Worte zu interpretieren. In ihren Dialogen mit Jesus wird deutlich, wie nahe sie einander stehen. Jesus ist derjenige, der ihr Leben verändert hat, aber sie hat seine Botschaft verstanden, er braucht nicht mehr viel zu erklären, sie versteht ihn auch ohne Worte. Maria ist die Trostspenderin und gute Freundin der Männer. Sie kocht für sie, diskutiert aber auch mit ihnen, tröstet Simon (Petrus) in seinem Kummer über die Verleugnung Jesu und weist Judas zurecht, der Jesus verraten will. Auch hier wird die Geschichte Jesu aus der Sicht Marias von Magdala erzählt, aber sie ist aktiv daran beteiligt, ist Augenzeugin und Helferin. Sie ist diejenige, die Jesus treu zur Seite steht, bis in den Tod. Sie betet die letzten Verse Jesu mit ihm. An sie – und nur an sie – ergeht auch der Verkündigungsauftrag des auferstandenen

---

[166] Ausnahme ist hier Lukas, der von keinem expliziten Missionsauftrag berichtet.

Jesus, den sie auch erfüllt. Neben Maria werden in diesem Kinderbuch auch andere starke Frauen im Gefolge Jesu vorgestellt, beispielsweise die Schwiegermutter des Petrus. Sie gehen ihren Weg anders als Maria, bleiben zu Hause, warten auf Jesus und verstehen dennoch oft mehr als die Männer. Auch sie kommen zu Wort, werden den LeserInnen ähnlich nahegebracht wie Maria. Besonders erfreulich ist das hier geschaffene Gottesbild, das zum ersten Mal auch weibliche Züge trägt. Gottes Geisteskraft wird – dem hebräischen Wort *ruach* entsprechend – als Trösterin bezeichnet. Überzeugender und lebendiger als jedes andere hier untersuchte Kinderbuch zeigt dieses eine Jesusgeschichte und ein Gottesverständnis, in dem sich Frauen angenommen und aufgehoben fühlen können, werden hier Frauen vorgestellt, die Mädchen eine Identifizierungsmöglichkeit geben, die diese gerne wahrnehmen werden. Die starke Frau Maria aus Magdala ist hier nicht die Ausnahme, sondern die Regel. Die erzählende Maria kann so ein weibliches Gegengewicht zu Jesus schaffen. Sie stellt seine Besonderheit nicht in Frage, sondern verdeutlicht, dass Jesu Mannsein für Gottes Botschaft keine Rolle spielt. Jesus Geschichte erhält somit auch für Mädchen wieder Lebensrelevanz. Im Unterricht könnte Maria von Magdala auf diese Weise zur ständigen Begleiterin Jesu und zum festen und selbstverständlichen Bestandteil der neutestamentlichen Geschichten werden, anstatt auf eine einmalige Thematisierung beschränkt zu werden. Indem die Erzählperspektive einer Frau gewählt wird, könnten auch die alttestamentlichen Geschichten für Mädchen bedeutungsvoll werden.

Ein ähnliches Magdalenen-Bild entwirft Luise Rinser in ihrem Buch *Mirjam*. Das Buch ist zwar eher für Jugendliche und Erwachsene geschrieben, eignet sich jedoch zur Vorbereitung der Lehrkraft. Charakteristisch für das hier gezeichnet Mirjam-Bild ist die Beschreibung der sieben Dämonen als Marias selbstbewusste Reaktion auf die Frauenfeindlichkeit ihrer Zeit. Ihre Empörung und ihr Sich-Wehren wurde von den Menschen ihrer Umgebung als anmaßend und verrückt empfunden. Luise Rinsers Buch ist als Hintergrundinformation für die Lehrkraft des Primarstufenunterrichts sehr empfehlenswert, ist aber auch für den Sekundarstufenunterricht geeignet. In der Grundschule könnte es der Lehrkraft helfen, die ansonsten sehr positiven Ansätze des ersten Kinderbuches im Hinblick auf die

Vermittlung eines starken und selbstbewussten Maria von Magdala-Bildes zu erweitern.

6.2. Resümee

Abschließend möchte ich die wichtigsten Aspekte der oben vorgestellten Kinderbücher zusammenfassen. Ich orientiere mich hierbei am Kriterienkatalog Annabelle Pithans bezüglich ihrer Religionsbuch-Untersuchung (s. o.).

Alle untersuchten Kinderbücher sind darum bemüht, **Rollenklischees** zu vermeiden. In Bezug auf „Gott sprach, und Sara lachte" ist dies leider nicht gelungen. Besonders überzeugend praktiziert hingegen Lene Mayer-Skumanz den Verzicht auf beengende, klischeekonforme Geschlechterrollen in ihrer Magdalenen-Darstellung. Bei ihr findet vielmehr eine deutliche Auseinandersetzung mit dem Frauenbild statt. Ebenso wird die Vielfalt weiblicher Lebensentwürfe verdeutlicht. Diese beiden bedeutenden Aspekte finden sich in keinem der anderen Kinderbücher.

Auf die **quantitative Darstellung** der Frauen auf den Bildern wird in allen Büchern großer Wert gelegt. Ebenso wird auf die Perspektive geachtet, die Frauen besonders groß und/oder im Mittelpunkt stehend zeigt. Die Texte sind größtenteils stark an der biblischen Vorlage orientiert und spiegeln deren quantitatives Verhältnis von Männern und Frauen wider, bemühen sich aber ebenfalls um eine Betonung der Episoden, die Frauen gewidmet sind.

Das **Gottesbild** der einzelnen Kinderbücher ist recht ambivalent. „Gott sprach, und Sara lachte" verzichtet zwar weitestgehend auf geschlechtlich eindeutige Begriffe, lässt aber aufgrund der sonstigen eher traditionellen Frauendarstellung dennoch an einen rein männlichen Gott denken. Die beiden Agethen-Bücher hingegen vermitteln trotz sprachlich eindeutig männlicher Zuordnungen ein geschlechtsneutrales Gottesbild, was vor allem auf die Bilder zurückzuführen ist. Hier wird auch deutlich, wie stark der Gesamttenor der Erzählung Rückschlüsse auf das Gottesbild zulässt. Maria-Regina Bottermann-Brojs Magdalenenerzählung spricht von Gott als Jesu Vater, wodurch das Gottesbild eindeutig männlich geprägt wird. Das Buch

„Maria Magdalena" von Lene Mayer-Skumanz und Elisabeth Singer hingegen betont als einziges die weibliche Seite Gottes, indem es dem hebräischen Wort *ruach* entsprechend von „*Gottes Geisteskraft* [...], *die starke Trösterin*" spricht. Das *ruach*-Beispiel verdeutlicht, wie theologisch unproblematisch weibliche Aspekte in biblische Erzählungen einflechtbar sind. Schade, dass sich dennoch auch heutige TheologInnen und AutorInnen häufig so schwer damit tun.

Sprachlich fällt keines der Bücher durch sexistische Wendungen auf. Positiv herauszuheben in Bezug auf einen besonders an Mädchen orientierten Blickwinkel ist hier die Magdalenen-Erzählung von Bottermann-Broj, die eindeutig von den Freund**innen** Jesu spricht und auch ansonsten um die Verwendung weiblicher Sprachformen bemüht ist.

Insgesamt lässt sich festhalten, dass die Sara-Erzählung in feministischer Hinsicht recht unbefriedigend ist, die Magdalenen-Darstellung von Mayer-Skumanz hingegen alle genannten Kriterien vorbildhaft erfüllt.

Hinweisen möchte ich noch auf die zum Teil recht deutlichen Differenzen zwischen den einzelnen Fraueninterpretationen. Diese zeigen, wie wenig gesichertes Wissen uns gerade bezüglich der biblischen Frauengestalten erhalten ist. Sie verdeutlichen jedoch auch, dass die Gleichwertigkeit von Mann und Frau, die Einbindung der Frau in Gottes Heilsplan und die auf Gott vertrauende Kraft der einzelnen Frauen immer im Mittelpunkt der biblischen „Frauengeschichten" stehen, die ansonsten jedoch viel Freiraum für unterschiedliche Lebensinterpretationen lassen. Hieran orientiert ist jegliche Interpretation „richtig", bietet jede eine Chance auf die Entdeckung neuer Facetten, erzählt jede die „richtige" Geschichte auf ihre Weise. Es gibt keine „ideale" Frau (ebenso wenig, wie es den „idealen" Mann gibt). Die Vielfältigkeit des Lebens bezieht sich auch auf die Frauen. Nur durch die Darstellung der menschlichen (weiblichen und männlichen) Vielfalt ist es möglich, geschlechtsspezifische Rollenklischees zu überwinden.

7. Nachwort

Die Auseinandersetzung mit dieser Arbeit war für mich mit ambivalenten Gefühlen verbunden. Überdeutlich wurde mir hier sowohl die liebevolle Wärme bewusst, die der Idee des Christentums zugrundeliegt und die sich auch auf die Frau bezieht, als auch die Zurückweisung, das Gefühl, als Frau doch nicht ganz gemeint zu sein, die eine bedauerliche Tradition patriarchaler Strukturen in der biblischen Entstehungsgeschichte und der Kirchenpraxis bis heute allen „neuen", menschlichen, frauenfreundlichen christlichen Ideen zum Trotz hervorruft. Ich kann nur hoffen, dass die katholische Kirche (– die Amtskirche wie auch jeder einzelne von uns –) trotz aller damit verbundenen Schwierigkeiten irgendwann bereit sein wird, ihre diesbezüglichen Defizite einzugestehen und auszugleichen und so ihrem eigenen Ideal – Kirche für alle zu sein – ein Stückchen näherkommt. Die ersten Schritte dazu sind bereits getan. Ich hoffe auf eine baldige Veränderung, damit nicht all die positiven Aspekte dieser Kirche verlorengehen, weil die negativen für ihre Mitglieder nicht mehr zu (er)tragen sind. Ich wünsche mir eine Kirche, die auf allen Ebenen ebenso christlich ist, wie ihre Ursprünge es waren, damit heutige Christinnen (und Christen) nicht mehr zwischen ihr und dem Christentum unterscheiden müssen, damit ich sie auch meinen zukünftigen Schüler*innen* von ganzem Herzen „ans Herz legen" kann. Die Möglichkeiten zu einer solchen Veränderung sind da. Die Bibel behindert sie nicht, sie beauftragt uns damit. Es wird Zeit, diesem Auftrag gerecht zu werden.

LITERATUR

Arbeitsgemeinschaft Jeux Dramatiques: Ausdrucksspiel aus dem Erleben. Bern 1984³ (= Bd. 1).

Bartos-Höppner, Barbara; Agethen, Relindis: Maria. Deutsche Bibelgesellschaft, Stuttgart 1991.

Bartos-Höppner, Barbara; Agethen, Relindis: Rebekka. Deutsche Bibelgesellschaft, Stuttgart 1991.

Böhmer, Annegret: Prävention von sexuellem Missbrauch im Religionsunterricht. Bericht von einem Bericht Berliner Religionslehrerinnen. In: Der evangelische Erzieher, 45. Jg. 1993, H. 4, S. 436 - 446.

Bottermann-Broj, Maria-Regina: Die Geschichte der Maria von Magdala den Kindern erzählt. Verlag Butzon & Bercker, Kevelaer 1995.

Bertelsmann Universallexikon, Bd. 4 und 16, Gütersloh 1993.

Die Bibel – Einheitsübersetzung. Katholische Bibelanstalt GmbH, Stuttgart 1980.

Crüsemann, Frank; Thyen, Hartwig: Als Mann und Frau geschaffen. Exegetische Studien zur Rolle der Frau. Burckhardthaus-Verlag, Gelnhausen / Berlin 1978, S. 109-128.

Enders, Usula (Hg.): Zart war ich, bitter war's. Kiepenheuer & Witsch, Köln 1995.

Göhlich, H. D. Michael: Reggio-Pädagogik, innovative Pädagogik heute. Zur Theorie und Praxis der kommunalen Kindertagesstätte von Reggio Emilia. Frankfurt 1990³.

Hainz, Josef (Hg.): Münchner Neues Testament. Patmos, Düsseldorf 1988.

Hainz, Josef (Hg.): Synopse zum Münchner Neuen Testament. Patmos, Düsseldorf 1991.

Häußler, Gabi: Religionsunterricht – an Mädchen orientiert. In: KatBl, 115.
Jg. 1990, H. 2, S.130.

Häußler, Gabi: Jetzt verstehe ich die Mädchen besser – danke! Unterrichts-
skizzen zur Selbstvergewisserung von Mädchen und Jungen im RU.
In: KatBl, 119. Jg 1994, H. 2, S. 101 - 107.

Heine, Susanne: Frauen der frühen Christenheit. Göttingen 1986.

Heizer, Martha: Fragen zur weiblichen religiösen Sozialisation. In: KatBl,
113 Jg. 1988, S. 875-882.

Horstkemper, Marianne: „Jungenfächer" und weibliche Sozialisation –
Lernprozesse im koedukativen Unterricht. In: Die Deutsche Schule.
Zeitschrift für Erziehungswissenschaft, Bildungspolitik und pädago-
gische Praxis, 1. Beiheft, 1990.

Jakobs, Monika: Feministische Theologie in der Grundschule. In: Grundschule, Nr. 2, 1995, S. 10-11.

Jost, Renate: Freundin in der Fremde. Rut und Noomi. Quell Verlag,
Stuttgart 1992.

Kaiser, Astrid: Mädchen und Jungen in der Schule. Aktuelle Forschungsergebnisse zur Geschlechterdifferenz. In: KatBl, 119. Jg. 1994, H. 2, S.
81-90.

Koch-Holzer, Hannerose: Erfahrungssplitter. In: Grundschule, Nr. 2, 1995.
S. 16-17.

Kohler-Spiegel, Helga: Wenn Jungen und Mädchen die Bibel lesen... . In:
Grundschule, Nr. 2, 1995; S. 17-19.

Konrad, Johann Friedrich: Als Eva noch alleine war. Frauen der biblischen
Urgeschichte erzählen. Kreuz Verlag, Stuttgart 1993.

Kuhl, Lena: Religionsunterricht für Mädchen. In: Grundschule, Nr. 2, 1995,
S. 8-9.

Link, Andrea: „Was redest du mit ihr?", Frankfurt a. M. 1992.

Mayer-Skumanz, Lene; Singer, Elisabeth: Maria Magdalena. Tyrolia-Verlag, Innsbruck / Wien 1995.

Moltmann-Wendel, Elisabeth: Das Land, wo Milch und Honig fließt. Perspektiven einer feministischen Theologie. Gütersloh 1985.

Moltmann-Wendel, Elisabeth: Ein eigener Mensch werden. Frauen um Jesus. Siebenstern GTB, Gütersloh 1991[7].

Moltmann-Wendel, Elisabeth (Hg.): Frauenbefreiung. Biblische und theologische Argumente. Veränd. Aufl. München 1986[4].

Müller-Hesse, Kordula: Freundinnen und Freunde Jesu. In: Der evangelische Erzieher, 45. Jg. 1993, H. 4, S.481 - 487.

Mulack, Christa: Maria. Die geheime Göttin im Christentum. Zürich 1985, dt. Rechte bei Kreuz Verlag, Stuttgart 1991[4].

Mulack, Christa: Im Anfang war die Weisheit. Feministische Kritik des männlichen Gottesbildes. Zürich 1985, dt. Rechte bei Kreuz Verlag, Stuttgart 1988.

Nocke, Franz Josef: Liebe, Tod und Auferstehung. München 1986².

Oberthür, Rainer: Religionsunterricht mit Bildern von Relindis Agethen. Methodische Überlegungen zur Verwirklichung von Symbol- und Bilddidaktik. In: KatBl, 113. Jg. 1988, S. 817-822.

Pissarek-Hudelist, Herlinde: Als Frau von Gott erzählen. Feministische Versionen einer neuen Rede von Gott. In: KatBl, 115. Jg. 1990, H. 2, S.101-117.

Pithan, Annebelle: Mädchen und Frauen in Religionsbüchern. In: Grundschule, Nr. 2, 1995, S.12-15.

Pithan, Annebelle: Religionsbücher geschlechtsspezifisch betrachtet. Ein Beitrag zur Religionsbuchforschung. In: Der evangelische Erzieher, 45. Jg. 1993, H. 4, S. 421 - 435.

Quéré, France; Duntze, Dorothée: Gott sprach, und Sara lachte. Kaufmann/Klett, Lahr 1994.

Radford-Ruether, Rosemary: Sexismus und die Rede von Gott. Schritte zu einer anderen Theologie. Gütersloh 1985.

Raske, Michael: Mirjam aus Magdala - auf der Suche nach ihrem Bild. In: KatBl, 113. Jg. 1988, S. 911-913.

Raske Michael: „Warum dürfen Frauen nicht Priester werden?" In: KatBl, 113. Jg. 1988, S. 886-895.

Rinser, Luise: Mirjam. S. Fischer Verlag, Frankfurt/Main 1983.

Schilling, Klaus: Wege ganzheitlicher Bibelarbeit. Glauben erfahren mit Hand, Kopf und Herz. Verlag Katholisches Bibelwerk, Stuttgart 1992.

Schottroff, Luise: Maria Magdalena und die Frauen am Grabe Jesu. In: Evangelische Theologie, 42. Jg., 1982.

Schümer; Gundel: Geschlechterunterschiede im Schulerfolg. Auswertung statistischer Daten. In: Valten; Warm (Hg.): Frauen machen Schule. Arbeitskreis Grundschule e.V., Frankfurt a. M. 1985.

Schüngel-Straumann, Helen: Die Frau am Anfang. Eva und die Folgen. Herder, Freiburg im Breisgau 1989.

Schüngel-Straumann, Helen: Gott als Mutter in Hosea 11. In: Theologische Quartalsschrift, 166. Jg. 1986, S. 119-134.

Schüssler Fiorenza, Elisabeth: Zu ihrem Gedächtnis... . Eine feministisch-theologische Rekonstruktion der christlichen Ursprünge. Chr. Kaiser Verlag München / Mathias Grünewald Verlag Mainz 1988.

Schweitzer, Friedrich: Elternbilder – Gottesbilder. Wandel der Elternrolle und die Entwicklung des Gottesbildes im Kindesalter. In: KatBl, 119. Jg. 1994, H. 2, S. 91 - 96.

Schweitzer, Friedrich: Religiöse Entwicklung und Sozialisation von Mädchen und Frauen. Auf der Suche nach empirischen Befunden und Erklärungsmodellen. In: Der evangelische Erzieher, Nr. 4 1993, S. 411 - 421.

Scrimshire, Hazel: „Viele Grüße, Euer Paulus". Postkarten aus turbulenten Zeiten. Dt. Übersetzung: Brunnen Verlag 1994.

Walter, Karin (Hg.): Zwischen Ohnmacht und Befreiung. Herder, Freiburg im Breisgau 1988.

Westermann, Claus: Genesis. Biblischer Kommentar AT I/3. Neukirchen 1982.

Wuckelt, Agnes: Partei ergreifen, parteilich sein. In: Der evangelische Erzieher, 45. Jg. 1993, H. 4, S. 390 - 400.

AKTUELLE KINDERBÜCHER ZU BIBLISCHEN UND KIRCHENGESCHICHTLICHEN FRAUENGESTALTEN

A) BIBLISCHE FRAUENGESTALTEN

Sara

Schindler, Regine; Schmid, Eleonore: UND SARA LACHTE. Kaufmann 1990.

Quéré, France; Dunze, Dorothée: GOTT SPRACH, UND SARA LACHTE. Kaufmann 1994.

Rebekka

Bartos-Höppner, Barbara; Agethen, Relindis: REBEKKA. Deutsche Bibelgesellschaft 1991.

Maria (die Mutter Jesu)

Bartos-Höppner, Barbara; Agethen, Relindis: MARIA. Deutsche Bibelgesellschaft 1991.

Mayer-Skumanz, Lene; Ruano, Alfonso: MARIA Patmos 1995.

Quadflieg, Josef; Fuhrmann, Renate: MARIA VON NAZARETH. Patmos 1995.

Maria aus Magdala

Bottermann-Broj, Maria-Regina: DIE GESCHICHTE DER MARIA VON MAGDALA DEN KINDERN ERZÄHLT. Butzon&Bercker Kevelaer 1995.

Mayer-Skumanz, Lene; Singer, Elisabeth: MARIA MAGDALENA. Tyrolia, Innsbruck / Wien 1995.

Weitere biblische Frauengestalten

Jaschke, Helmut: DIE TOCHTER DES JAIRUS. Pfeiffer 1990.

Parry, Alan and Linda: DAS VERLORENE GELDSTÜCK. Brunnen.

B) HEILIGE

Fussenegger, G.; Singer, Elisabeth: ELISABETH. Tyrolia 1994.

Hasler, Eveline; Bolliger-Savelli, Antonella: ELISABETH VON
THÜRINGEN. Patmos 1983.

Bernet, E.: KLARA VON ASSISI. Tyrolia.